d

George Orwell
Ian McEwan

Der Bauch des Wals

Zwei Essays über Kunst und Politik

Aus dem Englischen von
Felix Gasbarra und Bernhard Robben

Diogenes

Nachweise am Ende des Bandes
Covermotiv: Illustration von Tiny Walls Australia
Copyright © Tiny Walls Australia

Der Diogenes Verlag wird vom Bundesamt für Kultur
für die Jahre 2021–2024 unterstützt

Inhalt

GEORGE ORWELL

Im Innern des Wals

I

Als 1935 Henry Millers Roman *Wendekreis des Krebses* erschien, wurde er anerkennend, aber doch mit einiger Zurückhaltung aufgenommen, in einigen Fällen offensichtlich deshalb, weil sich niemand gern dem Verdacht aussetzt, Pornografie schön zu finden. Unter denen, die ihn lobten, waren T.S. Eliot, Herbert Read, Aldous Huxley, John Dos Passos und Ezra Pound – alles in allem nicht gerade Schriftsteller, die zurzeit in Mode sind. In der Tat gehört das Buch, sowohl dem Stoff wie bis zu einem gewissen Grad seiner geistigen Atmosphäre nach, mehr zu den Zwanziger- als den Dreißigerjahren.

Wendekreis des Krebses ist ein Roman in Ich-Form oder eine romanhafte Autobiografie, je nachdem, wie man es lieber sieht. Miller selbst besteht darauf, dass es rein autobiografisch ist, aber das Tempo und die Methode des Erzählens ordnen das Buch dem Roman zu. Es ist die Geschichte von Amerikanern in Paris, aber nicht in der üb-

lichen Weise, weil die Amerikaner, die darin vor-
kommen, durchweg Leute ohne Geld sind. In den
fetten Jahren, als es Dollars im Überfluss gab und
der Wechselkurs gegenüber dem Franc hoch stand,
erlebte Paris eine beispiellose Invasion von Künstlern, Schriftstellerinnen, Studenten, Dilettanten,
Touristinnen, Lüstlingen und bloßen Nichtstuern.
In einigen Stadtvierteln muss die Zahl der so-
genannten Künstler die der arbeitenden Bevölkerung tatsächlich überstiegen haben. Man hat aus-
gerechnet, dass Ende der Zwanzigerjahre etwa
30 000 Maler in Paris lebten, von denen die meisten
wenig mit Kunst zu tun hatten. Dem kleinen Mann
auf der Straße war das Künstlervolk so gleichgültig
geworden, dass Lesbierinnen mit rauchigen Stim-
men in Cordhosen und junge Leute in griechischen
oder mittelalterlichen Gewändern durch die Stra-
ßen wandeln konnten, ohne dass jemand sich nach
ihnen umdrehte. Am Seine-Ufer bei Notre Dame
war es so gut wie unmöglich, sich einen Weg durch
die Malstühlchen zu bahnen. Es war die Epoche
der erfolgreichen Außenseiter und der verkannten
Genies. Der Satz, den man am häufigsten hörte,
war: »Quand je serai lancé.« Es stellte sich heraus,
dass niemand »lancé« wurde. Die Wirtschaftskrise
brach herein wie eine neue Eiszeit, der internationale Mob von Künstlern zerstob, und die großen

Cafés von Montparnasse, die noch nicht ein Jahrzehnt zuvor bis in die frühen Morgenstunden von schreienden Poseurs erfüllt waren, verwandelten sich in düstere Grabgewölbe, in denen es nicht einmal mehr Geister gab.

Diese Welt, die unter anderem in dem Roman *Tarr*[1] von Wyndham Lewis beschrieben ist, schildert Henry Miller, aber er befasst sich nur mit ihrer Unterseite, der lumpenproletarischen Randschicht, der es gelungen ist, die Krise zu überleben, weil sie teils aus echten Künstlern, teils aus echten Gaunern besteht. Die verkannten Genies, die Paranoiker, die immer im Begriff sind, den Roman zu schreiben, der aus Proust einen zerbeulten Hut machen wird, finden sich hier, sind aber nur in den ziemlich seltenen Augenblicken genial, in denen sie nicht gerade Jagd auf die nächste Mahlzeit machen.

Zum größten Teil ist es eine Geschichte von verwanzten Zimmern in Arbeiterquartieren, Auseinandersetzungen, Trinkgelagen, Puffs, russischen Emigranten, Betteln, Schwindeln und Gelegenheitsarbeit. Die ganze Atmosphäre der Armenviertel von Paris, wie sie ein Ausländer sieht – die Boulevards mit ihrem Kopfsteinpflaster, der saure Geruch von Abfällen, die Bistros mit ihren fettigen

[1] ersch. 1918.

Zinktheken und ausgetretenen Ziegelböden, das grüne Wasser der Seine, die blauen Uniformen der Republikanischen Garde, die verlotterten gusseisernen Pissoirs, der besondere süßliche Geruch der Untergrundbahnhöfe, die halbierten Zigaretten, die Tauben im Jardin du Luxembourg, es ist alles da oder die Stimmung, ein Hauch von alledem.

Auf den ersten Blick kein eben vielversprechender Stoff. Als *Wendekreis des Krebses* erschien, marschierten die Italiener in Abessinien ein und waren Hitlers Konzentrationslager bis zum Bersten voll. Die Brennpunkte des Weltgeschehens waren Rom, Moskau und Berlin. Es schien nicht der geeignete Augenblick, um einen Roman von hervorragender Bedeutung über amerikanische Bummler, Bettler und Trunkenbolde im Quartier Latin zu schreiben. Natürlich ist ein Romancier nicht verpflichtet, über zeitgeschichtliche Ereignisse zu berichten, aber ein Romancier, der sie übersieht, hat gewöhnlich entweder die Füße nicht auf dem Boden oder er ist einfach ein Idiot. Bestimmt würde jeder, der nur das Hauptthema kennenlernt, den *Wendekreis des Krebses* für ein frivoles Überbleibsel der Zwanzigerjahre halten. In Wahrheit stellte jeder, der es gelesen hatte, sofort fest, dass es nichts dergleichen, sondern ein sehr bemerkenswertes Buch sei. Wie oder warum bemerkenswert? Diese Frage ist nicht leicht zu beantworten, und es ist besser, mit der Beschreibung der Eindrücke zu beginnen, die *Wendekreis des Krebses* auf mich gemacht hat.

Als ich das Buch zum ersten Mal aufschlug und sah, dass es von Wörtern wimmelte, die nicht für den Druck geeignet sind, war meine sofortige Reaktion, mich nicht davon beeindrucken zu lassen. Ich glaube, den meisten Lesern würde es so ergehen. Dabei schien sich nach einer gewissen Zeit die Atmosphäre des Buches neben unzähligen Einzelheiten auf eigentümliche Weise in meinem Gedächtnis festgesetzt zu haben. Ein Jahr später erschien Millers zweites Buch *Schwarzer Frühling* (1936). Zu dieser Zeit war *Wendekreis des Krebses* mir viel gegenwärtiger als das erste Mal. Mein erster Eindruck war, dass *Schwarzer Frühling* schwächer sei, und tatsächlich hat es nicht die Geschlossenheit des Erstlings. Nach einem weiteren Jahr hatten ebenfalls viele Passagen aus *Schwarzer Frühling* in meinem Gedächtnis Wurzeln geschlagen. Offensichtlich gehören beide Bücher zu denen, die einen Nachhall hinterlassen, Bücher, die sich »ihre eigene Welt schaffen«, wie man sagt. Das müssen nicht unbedingt gute Bücher sein, es können gute schlechte Bücher wie *Raffles*[2] oder die

---

2 von E. W. Hornung, ersch. 1901.

Erzählungen von Sherlock Holmes oder perverse und morbide Bücher wie *Wuthering Heights*[3] oder *The House with the Green Shutters*[4] sein. Dann aber erscheint hin und wieder ein Roman, der einem eine neue Welt erschließt, nicht, indem er einem enthüllt, was neu, sondern was vertraut ist. Das wahrhaft Erstaunliche an *Ulysses* zum Beispiel ist, dass es ein ganz alltäglicher Stoff ist. Natürlich enthält es mehr als nur das, denn Joyce hat etwas von einem Dichter und ist zugleich ein Pedant von gigantischem Ausmaß, aber seine eigentliche Leistung besteht darin, dass er uns Vertrautes zu Papier bringt. Er hat es gewagt – denn es ist ebenso sehr eine Frage der Kühnheit wie der Technik –, die Absurditäten unseres innersten Denkens bloßzulegen, und dabei entdeckte er ein Amerika, das jeder vor der Nase hatte, eine Welt, in der jeder seit seiner Kindheit gelebt hatte, einen Stoff, den man für unbeschreiblich hielt und den zu beschreiben Joyce doch gelungen ist. Die Wirkung war, die Einsamkeit, in der jeder Mensch lebt, wenigstens für Augenblicke aufzuheben. Bei der Lektüre bestimmter Stellen im *Ulysses* hast du das Gefühl, dass Joyce und du ein und derselbe sind, dass er alles über

3 *Sturmhöhe* von Emily Brontë, ersch. 1847 (detebe 23124)
4 von George Douglas, ersch. 1901.

14

dich weiß, obwohl er deinen Namen nie gehört hat, dass es irgendwo eine Welt gibt, außerhalb von Zeit und Raum, die Joyce und dich umfasst.

Obwohl er Joyce in keiner Weise ähnelt, ist eine Spur davon auch bei Henry Miller. Nicht überall, denn sein Werk ist sehr ungleichmäßig, neigt manchmal, besonders in *Schwarzer Frühling,* dazu, ins bloße Wortgeklingel oder in das verschwommene Universum der Surrealisten abzugleiten. Man lese nur fünf oder zehn Seiten von ihm, und man fühlt eine seltsame Erleichterung, die nicht so sehr daher rührt, dass man selbst etwas versteht, sondern dass *man verstanden wird.*

»Er weiß alles über mich, er hat das speziell für mich geschrieben«, fühlt man. Es ist, als hörte man eine Stimme, die zu einem spricht, eine freundliche amerikanische Stimme, ohne zu faseln, ohne zu moralisieren, in der Annahme, dass wir alle gleich sind. Einen Augenblick ist man allen Lügen und Versimpelungen, den schablonenhaften Marionetten der gewöhnlichen Romanliteratur, selbst der einigermaßen guten, entronnen und hat mit vertrauten Erlebnissen menschlicher Wesen zu tun.

Welche Art Erlebnisse? Und welche Art von Menschen? Miller schreibt über den Mann auf der Straße, und es ist eigentlich schade, dass die Straße voller Bordelle ist. Das ist die Strafe dafür, dass man sein Geburtsland verlassen hat. Es bedeutet so viel, wie in einer dünneren Bodenschicht Wurzel schlagen zu müssen. Das Exil ist wahrscheinlich für einen Schriftsteller verderblicher als für einen Maler oder selbst einen Dichter, denn er verliert in der Folge den Kontakt mit der Welt der Arbeit und muss sich auf die Straße, das Café, die Kirche, das Bordell und sein Arbeitszimmer beschränken. Hauptsächlich handeln Millers Bücher von Leuten, die das Leben von Emigranten führen, sich betrinken, schwatzen, nachdenken und koitieren – nicht von Menschen, die arbeiten, heiraten und Kinder aufziehen; schade, denn Miller hätte das eine genauso gut beschrieben wie das andere. In *Schwarzer Frühling* gibt es eine wundervolle Rückblende auf New York, das wimmelnde, von Iren überlaufene New York der O.-Henry-Ära, aber die Pariser Szenen sind die besten, und die Trunkenbolde und Nachtbummler in den Cafés sind zwar vom sozialen Standpunkt aus völlig wertlos, dafür aber mit einem Feingefühl für Charaktere und einer technischen Meisterschaft geschrieben, die in keinem der kürzlich erschienenen Romane auch nur annähernd erreicht werden. Seine Figuren sind nicht nur glaubhaft, sie sind vertraut, man hat das Gefühl, dass man alle ihre Abenteuer selbst erlebt hat. Nicht dass sie als Abenteuer besonders aufregend wären, Henry bekommt einen

Job bei einem melancholischen indischen Studenten. Er bekommt einen anderen Job in einer grässlichen französischen Schule während eines Kälteeinbruchs, bei dem alle Toiletten zugefroren sind, nimmt teil an einem Besäufnis in Le Havre mit seinem Freund Collins, einem Kapitän zur See, besucht ein Bordell, wo es wundervolle schwarze Frauen gibt, diskutiert mit seinem Freund, einem Schriftsteller Van Norden, der den größten Roman aller Zeiten in seinem Kopf mit sich herumträgt, aber sich nie entschließen kann, ihn anzufangen. Sein Freund Karl, dicht vor dem Verhungern, wird von einer reichen Witwe aufgegabelt, die ihn heiraten will. Es folgen endlose hamletische Gespräche, bei denen Karl die Frage zu beantworten sucht, was schlimmer ist, zu hungern oder mit einer alten Frau zu schlafen. Bis ins kleinste Detail beschreibt er seine Besuche bei der Witwe, wie er sie in seinem besten Anzug aufsucht, jedoch vergessen hat, vorher zu urinieren, sodass er den ganzen Abend Höllenqualen aussteht etc. etc. Zum Schluss stellt sich heraus, dass alles nicht stimmt, die Witwe existiert nicht einmal, Karl hat sie einfach erfunden, um sich interessant zu machen. Auf dieser Linie liegt mehr oder weniger das ganze Buch. Was ist nun eigentlich der Grund, warum faszinieren einen diese monströsen Trivialitäten? Sehr einfach – weil man die ganze

Atmosphäre so gründlich kennt und das Gefühl hat, dass diese Dinge einem selbst begegnen. Man hat dieses Gefühl, weil sich einer entschlossen hat, mit der geschraubten Ausdrucksweise des Durchschnittsromans aufzuräumen und die wirklichen Triebkräfte menschlichen Denkens und Handelns bloßzulegen. Im Fall Miller geht es nicht so sehr darum, den Mechanismus des menschlichen Geistes zu durchforschen, als sich vielmehr zu den alltäglichen Dingen und Gefühlen zu bekennen. Die Wahrheit ist nämlich, dass viele durchschnittliche Menschen, vielleicht sogar die Mehrheit, genau so sprechen und sich in derselben Weise benehmen, wie er sie hier aufgezeichnet hat. Der ordinäre Ton, in dem die Menschen im *Wendekreis des Krebses* sprechen, findet sich in den Romanen nur selten, im gewöhnlichen Leben dagegen sehr oft. Ich selbst habe ähnliche Unterhaltungen immer und immer wieder zwischen Leuten gehört, die nicht einmal merkten, wie ordinär sie sprachen. Bemerkenswert, dass *Wendekreis des Krebses* nicht das Werk eines jungen Mannes ist. Miller hatte die vierzig bereits überschritten, als es herauskam, und obwohl er seitdem drei oder vier weitere Bücher veröffentlicht hat, steht außer Zweifel, dass das erste, das er jahrelang mit sich herumgetragen hat, auch sein bestes Buch ist. Es gehört zu den Büchern, die langsam herangereift sind, in Armut und von unbekannten Leuten geschrieben, die wissen, was sie vorhaben und daher warten können. Die Prosa ist erstaunlich, in *Schwarzer Frühling* teilweise sogar noch besser. Leider kann ich nichts zitieren, es wimmelt von nicht wiederzugebenden Wörtern. Man besorge sich *Wendekreis des Krebses,* man besorge sich *Schwarzer Frühling* und lese besonders die ersten hundert Seiten. Sie vermitteln einem eine Vorstellung von dem, was man selbst heute noch mit der englischen Sprache anfangen kann. Englisch wird darin als lebende Sprache gesprochen, ohne Furcht, das heißt, ohne Furcht vor Rhetorik oder vor ungewöhnlichen oder poetischen Wörtern. Nach Jahren der Verbannung ist das Adjektiv zurückgekehrt. Es ist eine fließende, wogende Prosa, eine Prosa, die Rhythmus hat, etwas gänzlich anderes als die flachen vorsichtigen Aussagen und das Snack-Bar-Geplapper, das im Moment modern ist.

Wenn ein Buch wie *Wendekreis des Krebses* erscheint, fällt natürlich als Erstes seine Obszönität auf. Nimmt man unsere Vorstellungen von Sitte und Anstand in der Literatur als gegeben, dann ist es nicht einfach, vorbehaltlos zu einem so obszönen Buch Stellung zu nehmen. Entweder ist man schockiert und angewidert, oder man verschlingt es gierig, oder man ist entschlossen, sich nicht beeindrucken zu lassen. Letzteres dürfte vermutlich die Reaktion der meisten sein, mit dem Ergebnis, dass verbotene Bücher oft weniger Beachtung finden, als sie verdienen. Man hört vielfach die Meinung, nichts sei leichter, als ein obszönes Buch zu schreiben, und dass sie nur deshalb geschrieben werden, um Aufsehen zu erregen und Geld zu machen etc. etc. Ganz offensichtlich ist das nicht der Fall, und zwar deshalb, weil Bücher, die vom Standpunkt des Staatsanwalts aus obszön sind, nur selten erscheinen. Wenn es so einfach wäre, mit unanständigen Wörtern Geld zu verdienen, so würden es mehr Schriftsteller tun. Aber da es gar nicht so viele »obszöne« Bücher gibt, ist man geneigt, sie in völlig unberechtigter Weise alle in einen Topf zu werfen. *Wendekreis des Krebses* ist mit zwei anderen Büchern in eine vage Verbindung gebracht worden, *Ulysses* und *Voyage au bout de la nuit*[5], aber in keinem der beiden Fälle besteht viel Ähnlichkeit. Was Miller mit Joyce gemeinsam hat, ist die Bereitschaft, die leeren, hässlichen Umstände des Alltags zu zeigen. Lässt man die Verschiedenheit der Technik beiseite, so würde zum Beispiel die Begräbnisszene in *Ulysses* in den *Wendekreis des Krebses* hi-

5 *Reise ans Ende der Nacht* von L. F. Céline [Destouches], ersch. 1931.

neinpassen. Das ganze Kapitel ist so etwas wie eine Entblößung, ein Exposé der entsetzlichen Fühllosigkeit menschlicher Wesen. Damit ist jedoch die Ähnlichkeit bereits zu Ende. Rein als Kunstwerk genommen steht *Wendekreis des Krebses* weit unter *Ulysses.* Joyce ist in genau dem gleichen Sinne ein Künstler, in dem Miller es nicht ist und wahrscheinlich auch gar nicht sein will. Auf jeden Fall versucht Joyce, mehr zu sein. Er durchforscht verschiedene Bewusstseinsstadien, den Traum, die »Reverie« (das »Bronze-bei-Gold«-Kapitel), den Rausch etc., und fügt sie alle zu einem gewaltigen, vielfältigen Bild zusammen, fast wie ein viktorianischer Plot. Miller ist ganz einfach ein hartgesottener Kerl, der über das Leben redet, ein gewöhnlicher amerikanischer Geschäftsmann mit intellektueller Courage und schriftstellerischer Begabung. Es ist vielleicht bezeichnend, dass er genau so aussieht, wie jeder sich einen amerikanischen Geschäftsmann vorstellt. Was den Vergleich mit *Voyage au bout de la nuit* angeht, so ist es unter diesem Gesichtspunkt noch weiter von Millers Buch entfernt.

In beiden werden obszöne Wörter benutzt, beide sind gewissermaßen autobiografisch, das ist alles. *Voyage au bout de la nuit* ist ein Buch, das eine bestimmte Absicht enthält, nämlich gegen die Grausamkeit und Hohlheit des modernen Lebens zu protestieren – des Lebens überhaupt. Es ist ein Aufschrei des unerträglichen Ekels, eine Stimme aus der Jauchegrube. *Wendekreis des Krebses* ist so ziemlich genau das Gegenteil. Die Sache ist so ungewöhnlich, dass sie fast anormal erscheint, aber es ist das Buch eines Menschen, der glücklich ist. So, wenn auch in geringerem Maße, *Schwarzer Frühling*, über dem stellenweise ein Schatten von Nostalgie liegt. Nach Jahren eines Lebens als Lumpenproletarier, Jahren des Hungers, des Herumtreibens, des Schmutzes, der Misserfolge, der Nächte im Freien, der Streitigkeiten mit Einwanderungsbehörden, endloser Kämpfe um ein bisschen Geld, findet Miller, dass er mit sich glücklich ist. Genau diese Seiten des Lebens, die Céline mit Entsetzen erfüllen, sind diejenigen, die ihn befriedigen. Weit entfernt, dagegen zu protestieren, *bejaht er sie*. Und gerade dieses Wort *bejahen* weist auf seine wirkliche Verwandtschaft mit einem andern Amerikaner hin, Walt Whitman.

Ein seltsamer Gedanke, sich vorzustellen, Whitman hätte in unseren Dreißigerjahren gelebt. Es ist mehr als fraglich, ob *er* dann etwas geschrieben hätte, was auch nur entfernt den *Grashalmen*[6] geglichen hätte, denn was er schließlich sagt, ist

6 *Leaves of Grass*, ersch. 1855 (*Grashalme*, detebe 24497).

doch: »Ich bejahe.« Aber natürlich besteht ein gewaltiger Unterschied zwischen einer Bejahung von heute und einer von damals. Whitman schrieb in einer Zeit beispiellosen Wohlstands, mehr noch, er lebte in einem Land, in dem Freiheit mehr war als ein bloßes Wort. Die Demokratie, Gleichheit und Brüderlichkeit, die er ständig besingt, waren keine nebelhaften Ideale, sondern etwas, was er jeden Tag vor Augen hatte. In der Mitte des 19. Jahrhunderts fühlten sich die Amerikaner frei und gleich, und sie waren es sogar, soweit das überhaupt in einer Gesellschaft möglich ist, die nicht den reinen Kommunismus verwirklicht hat. Es gab Armut und Klassenunterschiede, aber abgesehen von den Schwarzen keine ständig unterdrückte Klasse. Jeder hatte die innere Überzeugung, genug zu verdienen, um anständig leben zu können, ohne jemandem die Stiefel lecken zu müssen. Wenn man bei Mark Twain über die Mississippi-Flößer und Schiffskapitäne oder bei Bret Harte über die Goldgräber im Westen liest, so erscheinen sie einem ferner als steinzeitliche Kannibalen. Der Grund liegt einfach darin, dass sie freie menschliche Wesen waren. Dasselbe gilt für das friedliche, häusliche Amerika der Oststaaten, das Amerika von *Little Women*[7],

---

7 von Louisa Alcott, ersch. 1868.

Helen's Babies[8] und *Riding Down from Bangor*[9]. Beim Lesen spürt man das überschäumende, sorglose Leben beinahe körperlich. Es ist dieses Leben, das Whitman verherrlicht. Auch wenn es ihm nur sehr schlecht gelingt, ist er doch einer der Schriftsteller, die schreiben, was man fühlen müsste, statt es einen tatsächlich fühlen zu lassen. Zum Glück, vielleicht im Hinblick auf seinen Glauben, starb er, noch bevor der Aufstieg der Großindustrie und die Ausbeutung der billigen Arbeitskräfte der Einwanderer den Verfall dieses Lebens in Amerika einleitete.

Millers Anschauungen sind eng mit denen von Whitman verwandt, und wohl jeder, der ihn gelesen hat, wird das bestätigen. *Wendekreis des Krebses* endet mit einer ausgesprochen Whitmanschen Passage, in der nach den Ausschweifungen, den Schwindeleien, Kämpfen, Saufgelagen und Dummheiten aller Art er sich einfach hinsetzt und auf die vorüberfließende Seine blickt, in einer Art von mystischer Bejahung des Lebens, wie es nun einmal ist. Nur, *was* bejaht er eigentlich? Zunächst nicht Amerika, sondern den alten Knochenhaufen Europa, wo jeder Zoll Erde aus den Resten unzäh-

---

8 von John Habberton, ersch. 1867.
9 Liedanfang; vgl. Orwells Artikel mit demselben Titel in *Tribune*, 22.11.1946.

liger Generationen besteht. Zweitens, nicht jene Zeit der Ausdehnung und der Freiheit, sondern die Ära der Furcht, der Tyrannei und der Verordnung. Wenn ich in einer Zeit wie der unseren zum Leben »Ja« sage, ist dies ein Ja zu Konzentrationslagern, Gummiknüppeln, zu Hitler und Stalin, Bomben, Flugzeugen, Konserven, Maschinengewehren, Putschen, Säuberungen, Slogans, Gasmasken, Unterseebooten, Spionen, Provokateuren, Pressezensur, Bedaux-Gürteln, geheimen Gefängnissen, Aspirin, Hollywood-Filmen und politischen Morden. Natürlich nicht *nur* zu alldem, aber zu alldem unter anderem. Und im Großen und Ganzen ist das Henry Millers Einstellung. Nicht immer, denn momentweise finden sich auch bei ihm Anzeichen für eine ganz normale Sehnsucht nach Vergangenem. Im ersten Teil von *Schwarzer Frühling* gibt es einen Abschnitt, der stilistisch als eine der bemerkenswertesten literarischen Leistungen der letzten Jahre angesehen werden muss, in dem das Mittelalter verherrlicht wird. Es zeigt eine Einstellung, die von der Chestertons nicht sehr verschieden ist. *Max and the White Phagocytes*[10] enthält einen Angriff auf die moderne Zivilisation Amerikas (Cornflakes, Cellophan etc.) unter dem üblichen

10 ersch. 1935.

Gesichtspunkt des Literaten, dem die Industriegesellschaft verhasst ist. Aber ganz allgemein gesprochen bedeutet diese Einstellung: »Schlucken wir alles hinunter.« Und von daher kommt die scheinbar ausschließliche Beschäftigung mit obszönen Vorgängen und der schmutzigen Unterseite des Lebens. Das ist nur scheinbar, denn es ist die Wahrheit, dass das Leben, das gewöhnliche Alltagsleben, weitaus schrecklicher ist, als Romanschreiber im Allgemeinen zugeben wollen.

Whitman selbst »bejahte« viel von dem, was seine Zeitgenossen lieber mit Schweigen übergingen. Er besang nämlich nicht nur die Prärie, er wanderte auch durch die Städte und sah den zerschmetterten Schädel des Selbstmörders, die »grauen kranken Gesichter von Onanisten« etc. etc. Dennoch ist die heutige Zeit, jedenfalls in Westeuropa, fraglos weniger gesund und weniger hoffnungsfreudig als jene. Im Gegensatz zu ihr leben wir in einer schrumpfenden Welt. Die »demokratischen Ausblicke« haben ihr Ende hinter Stacheldraht gefunden. Das Gefühl von Schöpfung und Wachstum hat nachgelassen, die endlos schaukelnde Wiege so viel an Bedeutung verloren, wie die endlos dampfende Teekanne gewonnen hat. Die Zivilisation zu bejahen, so wie sie ist, heißt logischerweise den Verfall bejahen. Die allgemeine Einstellung ist nicht mehr aktiv, sie ist passiv geworden – sogar »dekadent«, wenn dieses Wort überhaupt etwas besagt.

Aber gerade weil Miller in gewissem Sinne Erlebnissen passiv gegenübersteht, ist er zugleich fähig, dem einfachen Mann näher zu kommen, als es den meisten engagierten Schreibern gelingt. Denn auch der einfache Mann ist passiv. Innerhalb eines kleinen Kreises (Familienleben und vielleicht noch die Gewerkschaft oder Kommunalpolitik) fühlt er sich als Herr seines Geschicks, aber größeren Ereignissen gegenüber ist er ebenso hilflos wie gegenüber Naturgewalten. Weit entfernt von jeder Anstrengung, Einfluss auf die Zukunft zu nehmen, lässt er sich fallen und alles über sich ergehen. Im Lauf der letzten zehn Jahre hat sich die Literatur in immer stärkerem Maße der Politik zugewandt, mit der Folge, dass heute für den einfachen Mann weniger Raum bleibt als je in den letzten zweihundert Jahren. Man kann die Veränderung in der vorherrschenden literarischen Haltung deutlich feststellen. Wenn man die Bücher, die den Spanischen Bürgerkrieg behandeln, mit den Büchern über den Ersten Weltkrieg vergleicht, so fällt bei ihnen, wenigstens bei den englischsprachigen, auf, wie entsetzlich langweilig und schlecht sie sind. Noch bezeichnender ist, dass sie fast alle, ob von rechts oder von links, von einem politischen Standpunkt aus geschrieben sind, von selbstsicheren Parteigängern, die einem erklären, was man zu denken hat, während die Bücher über den Ersten Weltkrieg von gemeinen Soldaten oder jüngeren Offizieren stammen, die nicht einmal vorgaben zu verstehen, was das Ganze zu bedeuten hatte. Bücher wie *Im Westen nichts Neues*[11], *A Farewell to Arms*[12], *Death of a Hero*[13], *Good-Bye to All That*[14], *Memoirs of an Infantry Officer*[15] und *A Subaltern on the Somme*[16] sind nicht von Propagandisten geschrieben worden, sondern von den Opfern. Sie alle besagen im Grunde: »Was, zum Teufel, soll das alles heißen? Gott allein weiß es. Alles, was wir tun können, ist durchzuhalten.«

Und obwohl er nicht über den Krieg schreibt und überhaupt nicht über Unglück, kommt Millers Haltung dem näher als die Allwissenheit, die heute modern ist. Der *Booster,* eine kurzlebige Zeitschrift, der er eine Zeit lang als Redakteur angehörte, stellte sich in ihren Anzeigen als »nicht-politisch, nicht-erzieherisch, nicht-fortschrittlich,

11 von Erich Maria Remarque, ersch. 1929.
12 *In einem andern Land* von Ernest Hemingway, ersch. 1929.
13 *Heldentod* von Richard Aldington, ersch. 1929.
14 *Strich drunter* von Robert Graves, ersch. 1929.
15 *Vom Krieg zum Frieden. Erinnerungen* von Siegfried Sassoon, ersch. 1928.
16 von Max Plowman, ersch. 1927.

nicht-cooperativ, nicht-ethisch, nicht-literarisch, nicht-konsequent, nicht-zeitgenössisch« vor, und Millers eigenes Werk könnte man ungefähr in derselben Weise beschreiben. Es ist eine Stimme aus der Menge, die Stimme des Untergebenen, des Passagiers dritter Klasse, des einfachen, nicht-politischen, nicht-moralischen, passiven Menschen.

Ich habe den Ausdruck »einfacher Mensch« ziemlich vage gebraucht und dabei vorausgesetzt, dass es diesen »einfachen Menschen« wirklich gibt, was heute von einigen Leuten bestritten wird. Ich meine nicht, dass die Menschen, die Miller beschreibt, eine Mehrheit bilden, und noch weniger, dass er über Proletarier schreibt. Kein englischer oder amerikanischer Schriftsteller hat das bisher ernstlich versucht. Und nochmals, die Menschen im *Wendekreis des Krebses* können kaum als gewöhnlich bezeichnet werden, insofern sie faul, unbürgerlich und mehr oder weniger »Künstler« sind. Wie ich bereits sagte, ist das schade, aber das zwangsläufige Resultat des Exils. Millers »einfacher Mensch« ist weder ein Handwerker noch der Spießbürger aus dem Vorort, sondern ein Heruntergekommener, ein »Déclassé«, ein Abenteurer, ein amerikanischer Intellektueller, der entwurzelt ist und kein Geld hat. Dennoch decken sich sogar die Erfahrungen dieser Typen noch weitgehend mit der von normalen Menschen. Miller hat es verstanden, aus einem eher begrenzten Material das meiste herauszuholen, weil er den Mut hatte, sich damit zu identifizieren. Der einfache Mensch, der »durchschnittliche, sinnliche Mensch«, hat durch Miller eine Stimme bekommen, wie Bileams Esel. Das ist, wie man sehen wird, veraltet oder jedenfalls unmodern. Der durchschnittliche, sinnliche Mensch ist aus der Mode. Die passive, unpolitische Haltung ist aus der Mode. Die übermäßige Beschäftigung mit Sex und die Wahrhaftigkeit in Bezug auf das Innenleben sind aus der Mode. Das amerikanische Paris ist aus der Mode. Wenn heute ein Buch wie *Wendekreis des Krebses* erschiene, müsste es entweder eine langweilige Rarität oder etwas völlig Ungewöhnliches sein. Ich glaube, die Mehrzahl derer, die das Buch gelesen haben, werden mit mir darin übereinstimmen, dass Ersteres nicht der Fall ist. Es lohnt sich herauszufinden, was dieser augenfällige Gegensatz zur herrschenden literarischen Strömung bedeutet. Zu diesem Zweck muss man es gegen seinen Hintergrund sehen, das heißt gegen die allgemeine Entwicklung der englischen Literatur der letzten zwanzig Jahre seit dem Ersten Weltkrieg.

II

Wenn man sagt, ein Schriftsteller sei modisch, so heißt das praktisch, dass ihn die jüngere Generation unter dreißig anerkennt. Zu Beginn der Epoche, von der ich spreche, also den Kriegsjahren oder unmittelbar danach, war A. Housman der Schriftsteller, der zweifellos den stärksten Eindruck auf die intelligente junge Generation machte. Auf diejenigen, die in den Jahren 1910–1925 heranwuchsen, übte Housman einen enormen Einfluss aus, den man heute kaum noch begreift. 1920, als ich etwa siebzehn Jahre alt war, kannte ich, wie ich glaube, fast den ganzen *Shropshire Lad*[17] auswendig. Ich frage mich, welchen Eindruck er heute auf einen Jugendlichen vom gleichen Alter und vom gleichen geistigen Niveau machen würde. Zweifellos hat er davon gehört, er hat vielleicht sogar einen Blick hineingeworfen und war überrascht, dass es auf ziemlich billige Weise effektvoll

17 Gedichte, ersch. 1896.

ist – das wäre vermutlich alles. Und doch waren das die Gedichte, die ich und meine Zeitgenossen uns ständig gegenseitig vortrugen, in einer Art von Ekstase, so wie frühere Generationen Merediths *Love in the Valley* oder Swinburnes *Garden of Proserpine* etc. etc. rezitiert hatten:

> With rue my heart is laden
> > For golden friends I had,
> For many a rose-lipt maiden
> > And many a lightfoot lad.
>
> By brooks too broad for leaping
> > The lightfoot boys are laid;
> The rose-lipt girls are sleeping
> > In fields where roses fade.

[Mein Herz ist voller Weh, denn ich hatte goldene Freunde. Viele Mädchen mit rosigem Mund und viele leichtfüßige Knaben. An Bächen, zu breit für einen Sprung hinüber, lagern die leichtfüßigen Knaben. Die Mädchen mit dem Rosenmund schlafen in Feldern neben verblühenden Rosen.]

Na ja, ein Wortgeklingel. Uns schien es 1920 nicht so. Warum zerplatzt jede Seifenblase? Um diese Frage zu beantworten, muss man die *äußeren*

Umstände in Betracht ziehen, durch welche ein Schriftsteller zu einer bestimmten Zeit populär wird. Die Gedichte von Housman hatten bei ihrem ersten Erscheinen nicht viel Aufsehen erregt. Woran lag es also, dass sie auf eine einzige Generation, nämlich die, die etwa 1900 zur Welt kam, einen so tiefen Eindruck machte?

Vor allem ist Housman ein »Landschaftspoet«. Seine Gedichte enthalten den ganzen Zauber versteckter Dörfer, das sehnsüchtige Heraufbeschwören von Ortsnamen: Clunton, Clunbury, Knighton, Ludlow, »zu Wenlock Edge«, »zur Sommerszeit in Bredon«, Schindeldächer und das Hämmern des Dorfschmieds, die wilden Narzissen auf der Weide, die »blauen Hügel der Erinnerung«. Abgesehen von Kriegsgedichten, haben englische Verse aus den Jahren 1910–1925 vornehmlich die Natur zum Gegenstand. Der Grund liegt zweifellos darin, dass der von seinen Zinsen lebende Teil der Besitzenden endgültig keine Beziehung mehr zur Scholle hatte; doch auf jeden Fall herrschte dort, viel mehr als jetzt, eine Art Snobismus vor, zum Land zu gehören und das städtische Leben zu verachten. England trieb um jene Zeit kaum mehr Ackerbau als heute, aber bevor die Konsumgüterindustrie anfing, sich auszubreiten, konnte man es leichter als Agrarland sehen. Die meisten Sprösslinge der Mittelklasse wuchsen in Sichtweite einer Farm auf, und natürlich begeisterte sie deren idyllische Seite – Pflügen, Ernten, Dreschen und so weiter. Wenn sie nicht selber anpackten, machten sie sich wahrscheinlich keine Vorstellung von der entsetzlichen Knochenarbeit, die mit der Rübenernte und dem Melken von Kühen mit entzündeten Eutern frühmorgens um vier verbunden ist. Kurz vor, während und nach dem Krieg schlug die große Stunde der »Landschafts-Dichter«, die Sternstunde von Richard Jefferies und W. H. Hudson. Rupert Brookes *Grantchester*, das klassische Gedicht von 1913, ist ein einziger ungeheurer Erguss von »Landschaftsgefühl«, die gewaltsame Entleerung eines mit Ortsnamen vollgestopften Bauches. Als Gedicht ist *Grantchester* weniger als wertlos, aber als Dokument für das, was die Intelligenten unter den Jüngeren der Mittelklasse damals *fühlten*, ist es aufschlussreich.

Immerhin begeisterte sich Housman nicht nur für Kletterrosen, in der Art eines Wochenendausflüglers wie Brooke und die andern. Das »Landschaftsmotiv« ist bei ihm immer da, doch hauptsächlich als Hintergrund. Seine meisten Gedichte haben ein quasi menschliches Anliegen, eine Art von idealisiertem Bauerntum, im Grunde ein modernisierter Strephon oder Corydon. Schon das sprach stark an. Erfahrungsgemäß lesen überzivilisierte Kreise gern etwas über das Bäuerliche, weil sie sich einbilden, es sei primitiver und gefühlsreicher als sie selbst, daher die »Schwarze-Scholle«-Romane von Sheila Kaye-Smith etc. Zu jener Zeit identifizierte sich ein Junge der Mittelklasse in seiner Schwärmerei für das »Land« mit einem Landarbeiter, was ihm bei einem Industriearbeiter nie eingefallen wäre. Die meisten Jungen trugen eine idealisierte Vorstellung von dem Mann hinterm Pflug, Zigeunern, Wilddieben oder Wildhütern mit sich herum, mit der sie den Gedanken an einen wilden, freien und ungebundenen Teufelskerl verbanden, einen Kerl, dessen Leben aus Fallenstellen, Hahnenkämpfen, Pferden, Bier und Frauen bestand. Masefields *Everlasting Mercy*[18], ein weiteres wertvolles Dokument der Zeit, das bei den Halbwüchsigen der Kriegsjahre ungemein populär war, gibt diese Vorstellungen in einer kruden Spielart wieder. Konnte man die Maurices und Terences von Housman ernst nehmen, so war das bei Masefields Saul Kane unmöglich. In gewisser Weise war Housman eine Art Masefield mit einem Schuss Theokrit. All seine Sujets sind pubertär – Mord, Selbstmord, unglückliche Liebe, früher

18 ersch. 1911.

Tod. Sie behandeln einfache, vorstellbare Verhängnisse, die einem das Gefühl geben, sich gegen die »Grundtatsachen« des Lebens aufzulehnen:

> The sun burns on the half-mown hill,
>> By now the blood is dried;
> And Maurice amongst the hay lies still
>> And my knife is in his side.

[Die Sonne brennt auf den halb gemähten Hügel, jetzt ist das Blut getrocknet; und Maurice liegt still zwischen dem Heu, mit meinem Messer in der Seite.]

Und weiter:

> They hang us now in Shrewsbury jail:
>> The whistles blow forlorn,
> And trains all night groan on the rail
>> To men that die at morn.

[Sie hängen uns jetzt im Shrewsbury-Gefängnis: Das Pfeifen klingt verloren, und Züge dröhnen die ganze Nacht vorbei an Männern, die am Morgen sterben.]

Das ist alles mehr oder weniger auf den gleichen Ton gestimmt. Alles geht schief. »Dick liegt lang im Kirchhof, und Ned liegt lang im Kerker.« Man bemerke auch das exquisite Selbstmitleid, das »Niemand-liebt-mich«-Gefühl:

The diamond tears adorning
   Thy low mound on the lea,
Those are the tears of morning,
   That weeps, but not for thee.

[Die diamantenen Tränen schmücken deinen kleinen Hügel im Land, es sind Tränen des Morgens, der weint, aber nicht um dich.]

Kalter Kaffee, alter Junge! Die Art von Gedichten hätte für Halbwüchsige geschrieben sein können. Und der ständige sexuelle Pessimismus (das Mädchen stirbt immer oder heiratet einen andern) erschien den Jungen, die in Internaten zusammengepfercht gelebt hatten und mehr oder weniger glaubten, Frauen seien für sie unerreichbar, wie eine höhere Weisheit. Ich zweifle, ob Housman jemals dieselbe Anziehung auf Mädchen ausgeübt hat. In seinen Gedichten bleibt der weibliche Standpunkt außer Betracht, die Frau ist lediglich die Nymphe, die Sirene, das verräterische, halbmenschliche Geschöpf, das einen ein Stück des Weges begleitet, um einen dann sitzenzulassen.

Housman hätte keinen so starken Einfluss auf die Generation gehabt, die 1920 jung war, wenn bei ihm nicht noch etwas anderes mitgewirkt hätte, und das war sein blasphemischer, antinomischer »Zynismus«. Der ewige Konflikt zweier Generationen war bei Ende des Ersten Weltkrieges ungewöhnlich bitter, was teils auf den Krieg selbst zurückging und teils eine indirekte Folge der Russischen Revolution war. Auf alle Fälle war eine geistige Auseinandersetzung um diese Zeit fällig. Durch das bequeme, sichere Leben in England, das nicht einmal durch den Krieg ernstlich gestört worden war, hatten vielleicht viele ihre Anschauungen, die sich in den Achtzigerjahren oder noch früher herausgebildet hatten, völlig unverändert bis in die Zwanzigerjahre bewahrt. Doch der jüngeren Generation waren unterdessen die offiziellen Grundsätze weggeschwemmt wie Sandburgen. Der Verfall des religiösen Glaubens zum Beispiel war geradezu sensationell, Jahre hindurch artete der Gegensatz zwischen Alt und Jung in wahren Hass aus. Was von der Kriegsgeneration übrig geblieben war, schleppte sich aus den Schützengräben nach Hause, wo man feststellte, dass die Älteren noch immer die Schlagworte von 1914 herunterleierten und die etwas jüngere Generation unter der Fuchtel von unverheirateten Lehrern mit schmutziger Fantasie stöhnte. Diese Generation war es, die Housman mit seiner unausgesprochenen sexuellen Revolte und seinem persönlichen Groll gegen Gott ansprach. Sicherlich war er patriotisch, aber in harmloser, altmodischer Weise, mehr zu Rotröckchen und den Klängen von »God save the Queen« als zu Stahlhelmen und »Hängt den Kaiser«. Außerdem war er genügend antichristlich – er vertrat eine Art von bitterem, herausforderndem Heidentum, die Überzeugung, dass das Leben kurz ist und die Götter gegen die Menschen sind, was genau zu der unter den Jungen vorherrschenden Gesinnung passte. Und das alles in einer bezaubernden, zerbrechlichen Versform mit fast ausschließlich einsilbigen Wörtern.

Wie man noch sehen wird, habe ich Housman behandelt, als sei er ausschließlich ein Propagandist und Verfasser von Maximen und Zitaten. Fraglos war er mehr. Man sollte ihn jetzt nicht unterbewerten, nur weil er vor nicht allzu langer Zeit überbewertet worden ist. Auch wenn man mit dieser Behauptung heute auf Widerspruch stoßen wird, zahlreiche seiner Gedichte werden kaum lange vernachlässigt bleiben. Aber im Grunde ist es doch immer die Tendenz eines Schriftstellers, seine »Absicht«, seine »Aussage«, weswegen er beliebt oder unbeliebt ist. Ein Beweis dafür ist die außerordentliche Schwierigkeit, ein Buch für literarisch wertvoll zu halten, das unsere tiefsten Überzeugungen ernstlich verletzt. Kein Buch ist gänzlich neutral. Irgendeine Tendenz ist immer erkennbar, ob es sich um Verse oder Prosa handelt, selbst wenn sie nur die Form oder die Bildauswahl bestimmt. Aber Dichter mit großer Popularität wie Housman sind in der Regel ausgesprochen gnomische Schriftsteller.

Nach dem Krieg, nach Housman und den »Naturdichtern«, trat eine Gruppe mit völlig anderer Zielrichtung in Erscheinung – Joyce, Eliot, Pound, Lawrence, Wyndham Lewis, Aldous Huxley, Lytton Strachey. Bis in die späten Zwanzigerjahre waren sie »die Bewegung«, so wie in den letzten Jahren die Gruppe Auden / Spender. Sicher können nicht alle begabten Schriftsteller dieser Zeitspanne der Gruppe zugezählt werden. E. M. Forster zum Beispiel, auch wenn er sein bestes Buch um 1923 schrieb, gehörte im Wesentlichen zur Vorkriegszeit, während Yeats offenbar in keinem seiner Stadien den Zwanzigerjahren zuzurechnen ist. Andere, die damals noch lebten, wie Moore, Conrad, Bennett, Wells, Norman Douglas, hatten ihr Pulver schon lange vor Ausbruch des Krieges verschossen. Es gibt einen Schriftsteller, den man zu der

Gruppe zählen müsste, wenn auch nicht im streng literarischen Sinn – Somerset Maugham. Man kann natürlich die Daten nicht so genau bestimmen; die meisten der erwähnten Schriftsteller hatten bereits vor dem Krieg Bücher veröffentlicht. Trotzdem kann man sie als Nachkriegs-Schriftsteller bezeichnen, wie die heutigen Jüngeren als Schriftsteller der Zeit nach der Wirtschaftskrise, dennoch könnte man alle literarischen Zeitschriften der Zeit durchblättern, ohne zu merken, dass diese Leute die »Bewegung« *sind*. Mehr denn jemals bemühen sich die Koryphäen des literarischen Journalismus, daran festzuhalten, dass die vorletzte Periode noch kein Ende gefunden hat. Squire thronte im *London Mercury*, Gibbs und Walpole waren die Götter der führenden Buchhandlungen. Man trieb einen Kult mit Frohsinn und Männlichkeit, Bier und Cricket, Priar-Pfeifen und Monogamie, und man konnte sicher sein, ein paar Guineen zu verdienen, wenn man einen Artikel gegen die progressiven »Highbrows« schrieb. Dabei hatten gerade sie, die inzwischen abgesetzten, sich die junge Generation erobert. Der Sturm wehte von Europa und hatte lange vor 1930 der »Bier-und-Cricket«-Schule alles, bis auf ihr Heldentum, vom Leib gerissen.

Das Erste, was einem bei der Gruppe der von mir oben erwähnten Schriftsteller auffällt, ist, dass sie gar nicht nach einer Gruppe aussehen. Überdies würden mehrere energisch dagegen Protest erheben, mit einigen anderen zusammengeworfen zu werden. Im Grunde waren Lawrence und Eliot einander nicht sympathisch. Huxley verehrte Lawrence, war aber von Joyce angewidert. Die Übrigen dürften verächtlich auf Huxley, Strachey, Maugham hinuntergesehen haben, und Lewis griff alle der Reihe nach an; sein Ruf als Schriftsteller beruht denn auch zum großen Teil auf diesen Angriffen. Und doch gibt es vom Temperament her eine gewisse Verwandtschaft zwischen ihnen allen, die heute deutlicher ist als noch vor einem Dutzend Jahren. Am besten könnte man sie als *pessimistische Haltung* bezeichnen. Dabei muss man jedoch klarstellen, was mit Pessimismus gemeint ist.

Wenn die Grundeinstellung der Georgianischen Dichter »Naturliebe« war, so ist die der Nachkriegs-Schriftsteller die »tragische Einstellung zum Leben«. Der Geist in Housmans Gedichten zum Beispiel ist nicht tragisch, sondern nur quengelig, es ist ein enttäuschter Hedonismus. Das Gleiche gilt für Hardy, wobei man jedoch *The Dynasts (A Drama of the Napoleonic Wars)*[19] ausnehmen sollte. Aber die Gruppe Joyce/Eliot trat erst spä-

19 ersch. 1903–1908.

ter in Erscheinung. Der Puritanismus ist nicht ihr Hauptgegner. Von Anfang an waren sie imstande, die meisten Dinge zu durchschauen, für welche ihre Vorgänger gekämpft hatten. Alle weigerten sich gefühlsmäßig, den »Fortschritt« zu feiern. Nicht nur, dass sie ihn leugnen, sie wollen ihn auch gar nicht. Bei aller Übereinstimmung in dieser Frage gibt es natürlich zwischen den Schriftstellern, die ich genannt habe, unterschiedliche Einstellungen wie Unterschiede im Talent. Der Pessimismus Eliots ist zum Teil der des Christentums, der eine gewisse Gleichgültigkeit gegenüber menschlichem Elend einschließt, zum Teil die Klage über den Niedergang der westlichen Zivilisation (»Wir sind die ausgehöhlten Menschen, wir sind die vollgestopften Menschen« etc. etc.), eine Art Götterdämmerungs-Stimmung, die ihn schließlich, wie in *Sweeney Agonistes*[20], so weit führt, das moderne Leben für ärger zu erklären, als es wirklich ist. Bei Strachey handelt es sich nur um den urbanen Skeptizismus des 18. Jahrhunderts, verbunden mit einer Neigung, alles herunterzuziehen. Bei Maugham ist es eine Art stoischer Resignation, der Hochmut des Pukka-Sahib irgendwo östlich von Suez, der seine

---

20 *Sweeney Agonistes. Fragmente eines aristophanischen Melodramas*, ersch. 1926–1927.

Geschäfte weiterführt, ohne an sie zu glauben, wie ein antoninischer Kaiser.

Lawrence scheint auf den ersten Blick kein pessimistischer Schriftsteller zu sein, weil er wie Dickens ein Mann der »inneren Wandlung« ist und unentwegt dafür eintritt, das Leben wäre hier und jetzt völlig in Ordnung, wenn man es nur ein wenig unter einem andern Gesichtspunkt betrachten würde. Was er fordert, ist eine Bewegung »los von unserer mechanisierten Zivilisation«, die natürlich unmöglich ist, und das weiß er auch. Daher führt sein Unmut über die Gegenwart wieder zu einer Idealisierung der Vergangenheit, diesmal eine abgesicherte, mythische Vergangenheit, das Bronze-Zeitalter. Wenn Lawrence uns die Etrusker (*seine* Etrusker) vorzieht, so kann man nur schwer widersprechen, und doch ist es nach allem eine Art von Defätismus, weil es nicht in der Richtung liegt, in der sich die Welt bewegt. Die Art von Leben, auf die er immer hinweist, ist ein Leben, das sich um die einfachen Mysterien dreht – Geschlecht, Erde, Feuer, Wasser, Blut –, also eine verlorene Sache. Herausgekommen ist bei ihm auch nur der Wunsch, die Verhältnisse möchten sich in einer Weise entwickeln, in der sie sich ganz offensichtlich nicht entwickeln. »Eine Welle von Nächstenliebe oder eine Welle des Todes«, erklärt er, aber klar ist, dass es auf dieser Seite des Horizonts keine Wellen der Nächstenliebe geben wird. So flüchtet er nach Mexiko und stirbt mit 45, wenige Jahre bevor die Welle des Todes anrollt. Man wird wieder sehen, dass ich von all diesen Leuten spreche, als ob sie keine Künstler wären, sondern bloße Propagandisten, die eine Botschaft verkünden. Und wiederum liegt es auf der Hand, dass sie alle mehr sind. Es wäre zum Beispiel absurd, in *Ulysses* eine Anprangerung der Schrecken des modernen Lebens zu sehen, der »schmutzigen *Daily-Mail-Ära*«, wie Pound sie nannte. Joyce hat wahrhaftig mehr von einem »reinen Künstler« als die meisten Schriftsteller. Aber den *Ulysses* hätte keiner schreiben können, der bloße Wortgebilde zusammenbaut; es ist das Produkt einer besonderen Lebensanschauung, der Anschauung eines Katholiken, der seinen Glauben verloren hat. Was Joyce aussagt, ist: »Hier habt ihr das Leben ohne Gott. Seht es euch an!« Seine technischen Neuerungen, so bedeutend sie sind, dienen in erster Linie diesem Leitsatz.

Besonders bemerkenswert bei all diesen Autoren ist, dass ihre Zielsetzung in den Wolken schwebt. Die dringenden Tagesprobleme bleiben unbeachtet, vor allen Dingen die Politik im engeren Sinn. Unsere Augen richten sich nach Rom, nach Byzanz, nach dem Montparnasse, nach Mexiko, auf die alten Etrusker, auf das Unterbewusstsein, den Solarplexus – auf alles, nur nicht auf das, was sich wirklich abspielt. Bei einem Rückblick auf die Zwanzigerjahre erscheint einem nichts so sonderbar wie der Umstand, dass eigentlich kein einziges großes Ereignis in Europa von der englischen Intelligenz zur Kenntnis genommen wurde. Die Russische Revolution zum Beispiel kommt in England zwischen dem Tod Lenins und der Ukrainischen Hungersnot etwa zehn Jahre lang überhaupt nicht zum Bewusstsein. In dieser ganzen Zeit ist Russland ein Synonym für Tolstoi, Dostojewski und emigrierte Großfürsten als Taxifahrer. Italien bedeutet Gemäldegalerien, Ruinen, Kirchen und Museen, nicht etwa Schwarzhemden. Deutschland: Das sind Filme, Nacktkultur und Psychoanalyse – aber nicht Hitler, von dem bis 1931 kein Mensch etwas gehört hat. In »kultivierten« Kreisen nimmt der »l'art-pour-l'art«-Standpunkt die Form der Anbetung des Nichtssagenden an. Literatur besteht angeblich nur aus der Zusammenstellung von Wörtern. Ein Buch seinem Sujet nach zu beurteilen galt als unverzeihliche Sünde, und dem Sujet auch nur die geringste Beachtung zu schenken war eine Geschmacklosigkeit. Um 1928 findet man unter den drei wirklich guten Witzen, die der *Punch* seit dem Weltkrieg produzierte, folgenden: Ein unausstehlicher junger Mann erklärt seiner Tante, dass er die Absicht habe, Schriftsteller zu werden. »Und worüber willst du schreiben, lieber Junge?«, fragt die Tante. »Liebe Tante«, erwidert er in vernichtendem Ton, »man schreibt nicht *über* etwas, sondern man *schreibt* einfach.«

Die besten Schriftsteller der Zwanzigerjahre waren nicht dieser Auffassung. Ihr Ziel war in den meisten Fällen ziemlich deutlich zu erkennen und lag mehr auf einer moralisch-kulturell-religiösen Linie. In gewisser Weise ist die Tendenz aller Mitglieder dieser Gruppe konservativ. Lewis zum Beispiel verbrachte Jahre damit, überall Bolschewismus zu wittern, den er an den unmöglichsten Stellen aufspürte. In jüngerer Zeit hat er einige seiner Anschauungen geändert, vielleicht beeindruckt von Hitlers Verhalten Künstlern gegenüber, aber man kann unbesorgt sein, er wird nicht zu weit nach links geraten. Pound scheint endgültig auf den Faschismus hereingefallen zu sein, jedenfalls auf die italienische Spielart. Eliot hat sich nach keiner Seite gebunden, aber mit vorgehaltener Pistole vor die Wahl zwischen Faschismus und einer demokratischeren Form von Sozialismus gestellt, würde er sich vermutlich für den Faschismus entscheiden. Huxley startet mit der üblichen Verzweiflung am Leben, versucht dann aber unter dem Einfluss von

Lawrences »schwarzen Eingeweiden« etwas, was man als »Anbetung des Lebens« bezeichnet hat, und landet schließlich beim Pazifismus – eine vertretbare und in diesem Augenblick sogar ehrenvolle Haltung, die aber auf lange Sicht zu einer Ablehnung des Sozialismus führen dürfte. Weiter ist bemerkenswert, dass die meisten Schriftsteller dieser Gruppe eine Neigung zur katholischen Kirche haben, wenn auch meist in einem Sinn, den ein orthodoxer Katholik nicht akzeptieren würde.

Die geistige Verwandtschaft zwischen Pessimismus und Reaktion liegt zweifellos offen zutage. Aber es ist vielleicht weniger deutlich, warum die führenden Schriftsteller der Zwanzigerjahre vorwiegend pessimistisch dachten. Warum stößt man fortgesetzt auf die Vorliebe zur Dekadenz? Zu Totenschädeln und Kakteen, Klagen um den verlorenen Glauben, Sehnsucht nach nicht zu realisierenden Zivilisationen? War es vielleicht deshalb, weil sie alle in einer sehr komfortablen Zeit schrieben? Gerade dann floriert diese »kosmische Verzweiflung«. Leute mit leerem Magen verzweifeln nicht am Universum, ja sie denken nicht einmal über das Universum nach. Der ganze Abschnitt zwischen 1910 und 1930 war eine Periode des Wohlstands, und selbst die Kriegsjahre waren physisch erträglich, wenn man das Glück hatte, als

Nicht-Kämpfer in einem der Länder der Alliierten zu leben. Besonders die Zwanzigerjahre waren das goldene Zeitalter der intellektuellen »Rentiers«, eine Periode der Verantwortungslosigkeit, wie sie die Welt nicht erlebt hatte bisher. Der Krieg war zu Ende, die neuen totalitären Staaten noch nicht in Erscheinung getreten, irgendwelche moralischen und religiösen Tabus gab es nicht mehr, und das Geld rollte. »Desillusion« war Mode. Jeder mit festen 500 Pfund im Jahr zählte sich zur Intelligenz und begann, sich im »taedium vitae« zu üben. Es war die Epoche der Zehndollarstücke und der weichen Birnen, der billigen Verzweiflung, der Hinterhof-Hamlets, der ermäßigten Rückfahrkarten zum Ende der Nacht. In einigen der zweitrangigen, charakteristischen Bücher, wie *Told by an Idiot*[21], erreichte die Verzweiflung-am-Leben-Stimmung die Atmosphäre eines türkischen Bades in Selbstmitleid. Und die besten Schriftsteller der Zeit kann man einer zu olympischen Haltung überführen, einer zu großen Bereitwilligkeit, angesichts der praktischen Zeitfragen, ihre Hände in Unschuld zu waschen. Sie betrachten das Leben durchaus umfassend, weit mehr als alle ihre unmittelbaren Vorgänger und Nachfolger, aber sie sehen es wie durch

21 von Rose Macaulay, ersch. 1923.

ein umgekehrtes Fernrohr. Das beeinträchtigt den Wert ihrer Bücher keineswegs. Der Prüfstein jedes Kunstwerks ist das Überleben, und es ist eine Tatsache, dass ein Großteil dessen, was in der Zeit von 1910 bis 1930 geschrieben worden ist, noch heute lebt und allem Anschein nach auch noch länger fortleben wird. Man braucht nur an *Ulysses* zu denken, an *Of Human Bondage*[22], an die meisten frühen Schriften von Lawrence, besonders an seine Kurzgeschichten, und praktisch an alle Gedichte von Eliot bis etwa um 1930, um sich zu fragen, was vom gegenwärtigen literarischen Schaffen sich so gut halten wird.

Aber in den Jahren 1930–1935 ereignet sich etwas. Das literarische Klima verändert sich, eine neue Gruppe von Schriftstellern, Auden, Spender und alle anderen, trat in Erscheinung; und obwohl diese ihren Vorgängern technisch viel verdanken, ist ihre Richtung gänzlich anders. Mit einem Schlag sind wir aus dem Zwielicht der Götterdämmerung herausgetreten und in eine Pfadfinder-Atmosphäre mit nackten Knien und gemeinschaftlichem Singen geraten. Der typische Literat ist nicht mehr ein kultivierter Emigrant mit einem Hang zur Kirche,

22 *Der Menschen Hörigkeit* von Somerset Maugham, ersch. 1915 (detebe 24207).

sondern ein fleißiger Schüler mit kommunistischen Neigungen. Wenn der Grundton bei den Schriftstellern der Zwanzigerjahre das »tragische Lebensgefühl« war, so ist es jetzt bei den neuen die »ernste Zielsetzung«.

Die Unterschiede zwischen den beiden Richtungen werden in dem Buch *Modern Poetry* von Louis MacNeice ausführlich behandelt. Dieses Buch ist natürlich ausschließlich vom Standpunkt der jüngeren Gruppe geschrieben und sieht die Überlegenheit ihrer Maßstäbe als gegeben an. Nach MacNeice sind »die Dichter von *New Signatures*[23] ..., anders als Yeats und Eliot, gefühlsmäßig parteiisch. Yeats trat für eine Abkehr von Begierde und Hass ein; Eliot lehnte sich zurück und beobachtete mit *ennui* und ironischem Selbstmitleid die Gefühle anderer Leute. Die gesamte Lyrik von Auden, Spender, Day-Lewis auf der anderen Seite schließt persönliche Begierden und Hass in sich ein und weiter die Überzeugung, dass man das eine wollen und das andere hassen sollte.«

Und an anderer Stelle:

»Bei den Dichtern von *New Signatures* ist das Pendel zurückgeschwungen, bis zu der griechischen Vorliebe für Information und Aussage. Das

23 1932 erschienen.

erste Erfordernis ist, dass man etwas zu sagen hat, und danach, dass man es so gut sagen muss, wie man kann.«

Mit andern Worten, es gibt wieder ein Ziel, die jüngeren Schriftsteller sind »in die Politik gegangen«. Wie ich bereits ausgeführt habe, sind Eliot & Co. in Wahrheit nicht so unparteiisch, wie MacNeice vorgibt. Und trotzdem ist es im weitesten Sinne wahr, dass der Akzent in der Literatur in den Zwanzigerjahren mehr auf der Technik lag und weniger auf dem Sujet wie heute.

Die führenden Persönlichkeiten dieser Gruppe sind Auden, Spender, Day-Lewis, MacNeice, zu denen noch eine lange Reihe von Schriftstellern mehr oder weniger derselben Tendenz kommen: Isherwood, John Lehmann, Arthur Calder-Marshall, Edward Upward, Alec Brown, Philip Henderson und noch viele andere. Wie schon vorher fasse ich sie alle zusammen, einfach ihrer Tendenz nach. Fraglos sind sie sehr unterschiedlich talentiert. Aber wenn man diese Schriftsteller mit der Generation Joyce/Eliot vergleicht, so fällt einem sofort auf, wie viel leichter es ist, sie zu einer Gruppe zusammenzufassen. Technisch stehen sie einander näher, politisch sind sie fast ununterscheidbar, und die Kritik, die einer am Werk des andern übte, war immer (gelinde gesagt) nachsichtig. Die prominentesten Schriftsteller der Zwanzigerjahre kamen aus ganz verschiedenen Schichten, ein paar waren durch die normale englische Erziehungsmühle gedreht worden (übrigens waren bis auf Lawrence die Besten keine Engländer), und die meisten hatten zuzeiten mit Armut, Nichtbeachtung und sogar mit regelrechter Verfolgung zu kämpfen. Andererseits passten fast alle jüngeren in das Internat-Universität-Bloomsbury-Schema. Die wenigen, die aus dem Proletariat stammen, gehören zu denen, die früh im Leben ihrer Klasse entrückt wurden, erst durch Stipendien, dann durch die Bleiche der Londoner »Kultur«. Bezeichnenderweise sind viele dieser Gruppe nicht nur Schüler gewesen, sondern später auch Lehrer an Public Schools geworden. Vor ein paar Jahren habe ich Auden »eine Art saftloser Kipling« genannt. Als Kritik war das natürlich unverantwortlich, lediglich eine boshafte Bemerkung, denn tatsächlich merkt man in Audens Frühwerk einen Aufschwung – etwas, das von Kiplings *If* oder Newbolts *Play Up, Play Up and Play the Game!* nicht so weit entfernt scheint. Oder ein Gedicht wie »Ihr geht jetzt fort und nun kommt es auf euch an, Jungens!«[24] – das ist reines Pfadfin-

24 In Wirklichkeit ist das die erste Zeile des Gedichts Nr. 10 in Cecil Day-Lewis' frühem Gedichtband *The Magnetic Mountain*.

dertum, genau der Ton des offenen Zehn-Minuten-Gesprächs über die Gefahren der Selbstbefriedigung. Fraglos ist darin ein gewollt parodistisches Element, ungewollt ist die Ähnlichkeit mit den eben genannten Beispielen. Die selbstgefällige Note der meisten Schriftsteller ist ein Symptom der Befreiung. Indem sie die »reine Kunst« über Bord werfen, haben sie sich selber von der Furcht befreit, lächerlich zu erscheinen, und damit ihre Ziele wesentlich erweitert. Die prophetische Seite des Marxismus ist zum Beispiel ein neuer Stoff für die Poesie und hat große Möglichkeiten:

> We are nothing.
> We have fallen
> Into the dark and shall be destroyed.
> Think though, that in this darkness
> We hold the secret hub of an idea
> Whose living sunlit wheel revolves in future
> years outside.

[Wir sind nichts. Wir sind ins Dunkel gefallen und werden zerstört werden. Denk aber, dass wir in dieser Dunkelheit den heimlichen Hebel einer Idee in Händen halten, deren lebendiges, sonnenleuchtendes Rad sich in künftigen Jahren draußen drehen wird.] Spender, *Trial of a Judge*

Zur gleichen Zeit jedoch hatte sich die Literatur dadurch, dass sie marxistisch wurde, keineswegs den Massen genähert. Selbst wenn man etwas Verzögerung in Rechnung stellt, waren Auden und Spender sogar weniger populär als Joyce und Eliot, von Lawrence ganz zu schweigen. Wie zuvor gab es zahlreiche zeitgenössische Schriftsteller, die abseits der Strömung standen, aber *was* das für eine Strömung war, daran kann es kaum einen Zweifel geben. Mitte und Ende der Dreißigerjahre waren Auden und Spender & Co. *die* »Bewegung«, wie Joyce, Eliot & Co. in den Zwanzigerjahren. Und die Bewegung bewegt sich auf eine ziemlich schlecht definierte Angelegenheit namens Kommunismus zu. Bereits 1934 oder 1935 wurde es in literarischen Kreisen als exzentrisch angesehen, wenn jemand nicht mehr oder weniger »links« stand. Und ein oder zwei Jahre später hatte sich bereits eine linke Orthodoxie entwickelt, durch die bestimmte Ansichten über bestimmte Sujets absolut unumgänglich gemacht wurden. Die Idee hatte an Boden gewonnen (siehe Edward Upward und andere), dass ein Schriftsteller entweder ein »linker« Aktivist sein oder schlecht schreiben müsse. Zwischen 1935 und 1939 übte die Kommunistische Partei eine fast unwiderstehliche Anziehungskraft auf alle Schriftsteller unter vierzig aus. Jeden Tag konnte man hören, dass Soundso »eingetreten« sei, so wie es wenige Jahre vorher, als der Katholizismus in Mode war, zu hören war, dass Soundso »aufgenommen« worden war. Etwa drei Jahre lang stand tatsächlich ein großer Teil der englischen Literatur unter kommunistischer Kontrolle. Wie konnte es dazu kommen? Und zugleich, was ist unter »Kommunismus« zu verstehen? Besser, man beantwortet die zweite Frage zuerst.

Die kommunistische Bewegung in Westeuropa begann als eine Bewegung zum gewaltsamen Umsturz des Kapitalismus und entartete innerhalb weniger Jahre zu einem Instrument der russischen Außenpolitik. Vermutlich war das unvermeidlich, nachdem der revolutionäre Aufschwung, der auf den Weltkrieg gefolgt war, in sich zusammengefallen war. Soviel ich weiß, ist die einzige umfassende Geschichte der Bewegung in England Franz Borkenaus Buch: *Die Kommunistische Internationale*. Was sich aus Borkenaus Tatsachenmaterial sogar klarer ergibt als aus seinen Schlussfolgerungen, ist, dass der Kommunismus sich niemals zu dem hätte entwickeln können, was er heute ist, wenn in den Industrieländern des Westens eine wirklich revolutionäre Situation bestanden hätte. Für England liegt es auf der Hand, dass sie die ganzen letzten Jahre nicht bestanden hat. Die lächerlichen

Mitgliederzahlen sämtlicher extremistischer Parteien zeigen dies klar. Es ist deshalb nur natürlich, dass die englische kommunistische Bewegung von Leuten gelenkt wurde, die geistig von Russland abhängig waren und kein wirkliches Ziel besaßen, außer die britische Außenpolitik im Interesse Russlands zu beeinflussen. Natürlich kann ein solches Ziel nicht offen zugegeben werden, und das verleiht der Kommunistischen Partei ihren ganz besonderen Charakter. Ein kommunistischer Redner ist praktisch ein russischer Propagandist, der sich als internationaler Sozialist ausgibt, eine Pose, die in normalen Zeiten keine Schwierigkeit macht, in kritischen Perioden jedoch zu Komplikationen führt, weil die UdSSR in ihrer Außenpolitik nicht weniger skrupellos ist als die andern Großmächte. Bündnisse, Frontwechsel etc., die nur im Spiel der Machtpolitik einen Sinn haben, müssen in Begriffen und Ausdrücken des internationalen Sozialismus erklärt und gerechtfertigt werden. Jedes Mal, wenn Stalin seine Partner wechselt, muss der »Marxismus« umgeformt werden. Das zieht sprunghafte, gewaltsame Veränderungen der »Linie«, Säuberungen, Denunziationen, eine radikale Umwandlung der Parteiliteratur etc. etc. nach sich. Jeder Kommunist muss damit rechnen, von einem Augenblick zum andern entweder seine grundsätzliche Überzeugung zu ändern oder aus der Partei auszutreten. Was am Montag noch als unantastbares Dogma galt, kann bereits am Dienstag eine unverzeihliche Abweichung sein. Das hat sich in den letzten zehn Jahren wenigstens dreimal ereignet. Daraus ergibt sich, dass in jedem westeuropäischen Land eine kommunistische Partei immer unstabil und für gewöhnlich sehr klein bleibt. Ihre ständigen Mitglieder sind in Wirklichkeit ein innerer Ring von Intellektuellen, die mit der russischen Bürokratie gemeinsame Sache machen, und einer nur wenig größeren Zahl von Angehörigen der arbeitenden Klasse, die gefühlsmäßig Sowjetrussland die Treue halten, ohne deshalb seine Politik zu verstehen. Daneben gibt es noch eine fluktuierende Mitgliedschaft, von der bei jeder Änderung der »Linie« der eine Teil kommt und der andere geht.

1930 war die englische Kommunistische Partei eine winzige, kaum legale Organisation, deren Hauptbeschäftigung darin bestand, die Labour-Partei mit Dreck zu bewerfen. Aber 1935 hatte sich das Gesicht Europas geändert, und damit änderte sich auch die Politik des linken Flügels. Hitler war an die Macht gekommen und begann aufzurüsten. Die russischen Fünfjahrespläne hatten Erfolg gehabt, Russland war als militärische Großmacht wieder auf dem Plan erschienen. Als deutlich wurde, dass die drei Hauptziele des Hitlerschen Angriffs Großbritannien, Frankreich und die UdSSR waren, sahen sich diese drei Länder zu einer Art unbequemem »rapprochement« gezwungen. Das bedeutet, dass die englischen oder französischen Kommunisten notgedrungen gute Patrioten und Imperialisten werden mussten – das heißt, genau die Dinge verteidigen mussten, die sie fünfzehn Jahre lang angegriffen hatten. Das Rot der Komintern-Parolen verblasste zu Rosa. Die »Weltrevolution« und der »Sozialfaschismus« machten einer »Verteidigung der Demokratie« und einem »Stoppt Hitler!« Platz. Die Jahre 1935–1939 bezeichneten eine Periode des Antifaschismus und der Volksfront, die Blütezeit des »linken« Buches. Rote Herzoginnen und »undogmatische« Geistliche zogen über die Schlachtfelder des Spanischen Krieges, und Winston Churchill war der blauäugige Knabe des *Daily Worker.* Seit damals hat sich allerdings einiges an der »Linie« geändert. Für mein Anliegen bleibt wichtig, dass die jüngeren englischen Schriftsteller während der »antifaschistischen« Periode zum Kommunismus neigten.

Der Hahnenkampf Demokratie gegen Faschismus übte schon an sich eine Anziehungskraft auf diese Autoren aus, auf alle Fälle war aber ihre Bekehrung um diese Zeit fällig. Offensichtlich hatte der »laissez-faire«-Kapitalismus abgewirtschaftet, und irgendwie musste eine Art von Wiederaufbau kommen. In der Welt von 1935 konnte man nur schwer politisch gleichgültig bleiben. Woher aber kam die Neigung dieser jungen Leute zu einer so entlegenen Ideologie wie dem russischen Kommunismus? Warum fühlten sich Schriftsteller von einer Form des Sozialismus angezogen, welche geistige Ehrlichkeit unmöglich machte? Die Erklärung liegt in etwas, das bereits vor dem wirtschaftlichen Niedergang und noch vor Hitler in Erscheinung getreten war: der Arbeitslosigkeit der Mittelschicht. Arbeitslos sein heißt nicht nur keine Anstellung haben. Die meisten Menschen können irgendeine Arbeit bekommen, selbst in den schlechtesten Zeiten. Das Problem liegt darin, dass es um 1930 keine Tätigkeit gab, an die ein denkender Mensch hätte glauben können, ausgenommen vielleicht wissenschaftliche Forschung, Kunst und linke Politik. Die Entlarvung der westlichen Zivilisation hatte ihren tiefsten Punkt erreicht, und »Desillusioniertheit« breitete sich aus. Wer konnte noch sicher sein, auf dem üblichen bürgerlichen Weg durchs Leben zu gehen, als Soldat, Geistlicher, Makler, Beamter der indischen Zivilverwaltung oder sonst etwas? Und wie viele Werte, mit denen unsere Großväter gelebt hatten, konnten noch ernst genommen werden? Patriotismus, Religion, das Empire, die Familie, die Heiligkeit der Ehe, die Krawatte der alten Schule, Geburt, Erziehung, Ehre, Disziplin – jeder mit durchschnittlicher Bildung konnte innerhalb von drei Minuten den ganzen Kram von innen nach außen kehren. Was aber erreicht man schließlich mit dieser Trennung von Grundbegriffen wie Patriotismus und Religion? Nicht unbedingt eine Befreiung von der Notwendigkeit, an *irgendetwas zu glauben*. Wenige Jahre zuvor hatte es so etwas wie eine falsche Morgenröte gegeben, als viele junge Intellektuelle, darunter mehrere recht begabte Schriftsteller (Evelyn Waugh, Christopher Hollis und andere), sich in den Schoß der katholischen Kirche geflüchtet hatten. Bezeichnend ist, dass sie fast unterschiedslos die römische Kirche und nicht zum Beispiel die englische Hochkirche, die griechisch-orthodoxe oder eine der protestantischen Sekten gewählt hatten. Sie hatten sich für die Kirche mit einer weltumspannenden Organisation entschieden, mit einer strengen Disziplin, mit Macht und Ansehen. Vielleicht sollte man erwähnen, dass der letzte wirklich bedeutende Konvertit, nämlich Eliot, nicht zur römisch-katholischen, sondern zur anglo-katholischen übertrat, dem kirchlichen Gegenstück zum Trotzkismus. Ich glaube, man braucht nicht viel weiter zu gehen, um den Grund zu finden, weshalb die jungen Schriftsteller der Dreißigerjahre in Scharen in die Kommunistische Partei eintraten oder sich ihr zumindest näherten. Hier war einfach etwas, woran man glauben konnte. Hier war eine Kirche, eine Armee, eine Glaubenslehre, eine Disziplin. Hier war ein Vaterland und – jedenfalls seit ungefähr 1935 – ein Führer. Treue und Aberglauben, von der Intelligenz scheinbar verbannt, kamen rauschend zurück, und zwar unter der durchsichtigsten Tarnung. Patriotismus, Religion, Empire, militärischer Ruhm – in einem Wort: Russland, Vater, König, Führer, Held, Retter – alles in einem: Stalin. Gott – Stalin. Der Teufel – Hitler. Himmel – Moskau. Hölle – Berlin. Alle Lücken waren wieder aufgefüllt. Auf diese Weise ist der »Kommunismus« der englischen Intellektuellen schließlich leicht zu erklären. Es ist der Patriotismus der Entwurzelten.

Aber da ist noch etwas, was zweifellos zum Kult um Russland beitrug, und das ist die Bequemlichkeit und Sicherheit des Lebens in England selbst. Bei allen Ungerechtigkeiten ist England noch immer das Land des »Habeas Corpus«, und die überwältigende Mehrheit der englischen Bevölkerung hat keine Erfahrung von Gewalt oder Ungesetzlichkeit. Ist man in einer solchen Atmosphäre aufgewachsen, kann man sich nur schwer vorstellen, was ein despotisches Regime bedeutet. Fast alle prominenten Schriftsteller der Dreißigerjahre gehörten zur weichgekochten, emanzipierten Mittelklasse und waren zu jung, um sich noch deutlich an den Weltkrieg zu erinnern. Für Leute dieses Schlages sind Dinge wie Säuberungen, Geheimpolizei, standrechtliche Erschießungen, Inhaftierung ohne Gerichtsverfahren etc. zu fern, um schrecklich zu wirken. Sie können Totalitarismus verdauen, *weil* sie nichts anderes kennen als Liberalismus. Man lese zum Beispiel den folgenden Auszug aus Audens Gedicht *Spanien* (dieses Gedicht ist übrigens eines der wenigen ehrlichen literarischen Produkte über den Spanischen Krieg):

To-morrow for the young, the poets exploding like bombs,
The walks by the lake, the weeks of perfect communion;
To-morrow the bicycle races
Through the suburbs on summer evenings.
But today the struggle.

To-day the deliberate increase in the chances of death,
The conscious acceptance of guilt in the necessary murder;

To-day the expending of powers
On the flat ephemeral pamphlet and the bo-
ring meeting.

[Morgen für die Jungen, die Dichter wie Bomben explodierend, die Spaziergänge am See, die Wochen vollkommener Harmonie; morgen die Radrennen durch die Vororte an Sommerabenden. Aber heute der Kampf. Heute die absichtliche Zunahme der Todeschancen, die bewusste Anerkennung von Schuld beim notwendigen Mord; heute die Kraftverschwendung bei platten vergänglichen Flugblättern und langweiligen Versammlungen.]

Die zweite Strophe ist wie eine hingewischte Skizze eines Tages im Leben eines »guten Parteigenossen«. Am Morgen ein paar politische Morde, ein Zwischenspiel von zehn Minuten, um »bürgerliche« Gewissensbisse zu beschwichtigen, darauf ein hastig heruntergeschlungenes Mittagessen und dann ein arbeitsreicher Nachmittag und Abend, ausgefüllt mit Kreideinschriften an Mauern und Flugblattverteilungen. Alles enorm erbaulich. Man beachte jedoch den Ausdruck »notwendiger Mord«, das konnte nur jemand schreiben, für den Mord höchstens ein Wort ist. Ich persönlich würde nicht so leichtfertig von Mord sprechen. Ich habe nämlich die Leichen vieler ermordeter Männer gesehen – ich meine nicht, im Kampf gefallen, ich meine ermordet. Deswegen verbindet sich mit diesem Wort eine bestimmte Vorstellung: Terror, Hass, weinende Angehörige, Leichenschau, Blut, die Gerüche. Für mich bedeutet Mord etwas, das es nicht geben dürfte. Das gilt für jeden normalen Menschen. Die Hitlers und Stalins halten den Mord für notwendig. Aber sie plakatieren ihre Rohheit nicht und bezeichnen sie nicht als Mord, sondern als »Liquidierung«, »Eliminierung« oder dergleichen. Der Amoralismus Auden'scher Prägung ist nur bei jemandem möglich, der immer gerade nicht da ist, wenn abgedrückt wird. In der linken Literatur wird viel mit dem Feuer gespielt, von Leuten, die nicht einmal wissen, dass Feuer brennt. Die Kriegshetze, zu der sich die englische Intelligenz in der Zeit 1935–1939 hergegeben hat, basierte zum großen Teil auf der persönlichen Gefahrlosigkeit. Es war eine Haltung, die sich von der in Frankreich stark unterschied, wo der Militärdienst nicht leicht zu umgehen ist und sogar Literaten das Gewicht des Marschgepäcks kennen.

Gegen Ende des Buches *Enemies of Promise*[25] von Cyril Connolly findet man eine aufschluss-

25 ersch. 1938.

reiche Passage. Der erste Teil des Buches ist mehr oder weniger eine kritische Untersuchung der heutigen Literatur. Connolly gehört genau zu der Schriftstellergeneration der »Bewegung«, und deren Werte sind ohne viel Vorbehalte auch die seinen. Es ist interessant festzustellen, dass er von den Prosaschriftstellern hauptsächlich diejenigen bewundert, die besonders oft Gewalttätigkeiten schildern – die Möchtegern-Härte der amerikanischen Schule, Hemingway etc. Der letzte Teil des Buches ist autobiografisch und besteht aus einem Rechenschaftsbericht von fasziniererder Genauigkeit über das Leben in einer Vorschule und in Eton von 1910 bis 1920. Connolly schließt mit der Bemerkung:

»Müsste ich irgendein Fazit aus meinen Gefühlen beim Abschied von Eton ziehen, so könnte man es als eine *Theorie der permanenten Pubertät* bezeichnen. Es ist die Theorie, dass die Erfahrungen, die man als Junge in den großen Internaten macht, so tiefe Spuren hinterlassen, dass sie das ganze spätere Leben beherrschen und jede Entwicklung unmöglich machen.«

Wenn man den zweiten Satz dieser Passage liest, so ist die erste Reaktion, nach einem Druckfehler zu suchen. Man vermutet, dass eine Negation ausgelassen ist. Aber nein, nicht im Geringsten! Er meint es wirklich so! Und mehr noch, was er sagt, entspricht perverserweise voll und ganz der Wahrheit. Das »kultivierte« Leben der Mittelklasse hat einen solchen Gipfel an Verweichlichung erreicht, dass im Vergleich dazu die Internatserziehung – fünf Jahre in einem lauwarmen Bad von Snobismus – tatsächlich rückblickend als ereignisreiche Periode angesehen werden kann. Von den Schriftstellern, die in den Dreißigerjahren zählten, hat fast keiner etwas anderes erlebt, als was Connolly in *Enemies of Promise* berichtet. Es ist immer wieder das gleiche Schema: Internat, Universität, ein paar Auslandsreisen, dann London. Hunger, Not, Einsamkeit, Exil, Krieg, Gefängnis, Verfolgung, körperliche Arbeit – leerer Schall. Kein Wunder, dass die große Horde, als »rechte Linke« bekannt, keine Schwierigkeiten hatte, die Kehrseite des russischen Regimes mit ihren Säuberungen, die OGPU und die Schrecken des ersten Fünfjahresplanes großzügig zu übersehen. Sie waren so glorreich unfähig zu verstehen, was das alles zu bedeuten hatte.

Um 1937 war die gesamte Intelligenz geistig im Krieg. Das linke Denken war auf »Antifaschismus« reduziert, das heißt auf eine Negation, und eine Sturzflut von Hassliteratur gegen Deutschland und die Politiker, die der Deutschfreundlichkeit verdächtig waren, ergoss sich aus den Spalten der Presse. Was im Spanischen Krieg auf mich den furchtbarsten Eindruck machte, waren nicht so sehr die Grausamkeiten oder die Fehden zwischen den verschiedenen politischen Gruppen hinter den Linien, sondern dass die Mentalität des Ersten Weltkriegs in den linken Kreisen sofort wieder da war. Dieselben Leute, die sich zwanzig Jahre lang gebrüstet hatten, immun gegen jede Form der Kriegshysterie zu sein, waren die Ersten, die sich Hals über Kopf zurück in den geistigen Sumpf von 1914 stürzten. Alle die altbekannten Idiotien der Kriegszeit: Spionenjagd, Gesinnungsschnüffe-lei (Wie riechst du? Bist du auch ein guter Anti-faschist?), die Gräuelmärchen, alles kam wieder mit der Gewalt einer Sturzflut, als ob die dazwi-schenliegenden Jahre nie gewesen wären. Noch vor Ende des Spanischen Krieges und sogar noch vor München fingen die besten unter den linken Schriftstellern an, sich zu drehen und winden. Weder Auden noch Spender nahmen Stellung zum Spanischen Krieg in der Weise, die man von ihnen erwartet hätte. Seitdem hat es einen Wandel in der Einstellung und viel Bestürzung und Verwirrung gegeben, weil der tatsächliche Verlauf der Ereig-nisse die linken Glaubenssätze der letzten Jahre in Unsinn verwandelt hatte. Es bedurfte keines gro-ßen Scharfsinns mehr, um zu erkennen, dass viel davon von Anfang an Unsinn gewesen war. Es besteht daher nicht die geringste Sicherheit, dass die nächsten Glaubenssätze besser sein werden als die letzten.

Alles in allem scheint der historische Überblick über die Literatur der Dreißigerjahre die These zu bestätigen, dass ein Schriftsteller gut daran tut, sich aus der Politik herauszuhalten. Jeder, der sich ganz oder teilweise einer Parteidisziplin unterwirft, wird sich früher oder später vor die Alternative gestellt sehen: Linientreue oder Mundhalten. Natürlich ist es denkbar, linientreu zu sein und trotzdem weiterzuschreiben – irgendwie. Jeder Marxist kann mit größter Leichtigkeit nachweisen, dass die Meinungsfreiheit der »Bourgeoisie« eine Illusion ist. Wenn er mit seinem Nachweis fertig ist, bleibt immer noch die psychologische *Tatsache*, dass ohne die »bourgeoise« Freiheit die schöpferischen Fähigkeiten absterben. Es mag sein, dass es einmal in Zukunft eine totalitäre Literatur geben wird, aber sie wird völlig verschieden sein von dem, was wir uns heute vorstellen können. Literatur, wie wir sie kennen, ist eine individuelle Angelegenheit, die intellektuelle Redlichkeit und ein Minimum an Zensur erfordert. Das gilt noch mehr für Prosa als für Verse. Es dürfte kein Zufall sein, dass die besten Schriftsteller der Dreißigerjahre Dichter waren.

Die Atmosphäre einer Ideologie ist für die Prosa immer verderblich und für den Roman, die anarchistische literarische Form, geradezu der Ruin. Wie viele gute Katholiken haben gute Romane geschrieben? Selbst die Handvoll, die man nennen könnte, waren gewöhnlich schlechte Katholiken. Der Roman ist tatsächlich eine protestantische Kunstform. Er entsteht nur in geistiger Freiheit, als Schöpfung eines selbstständigen Individuums. Keine Dekade der letzten hundertfünfzig Jahre hat so wenig erzählende Kunst hervorgebracht wie die Dreißigerjahre unseres Jahrhunderts. Dagegen hat es gute Gedichte, gute soziologische Werke, brillante Essays gegeben, aber praktisch keine Erzählliteratur von irgendwelchem Wert. Von 1933 an war ihr das geistige Klima zunehmend feindlich. Keiner, der sensibel genug war, um den *Zeitgeist* zu spüren, konnte der Politik aus dem Weg gehen. Natürlich waren nicht alle in das politische Getriebe verwickelt, aber praktisch jeder hatte am Rande etwas damit zu tun und nahm an Propagandafeldzügen und fragwürdigen Auseinandersetzungen teil. Kommunisten und ihre Sympathisanten übten einen unverhältnismäßig großen Einfluss auf literarische Zeitschriften aus. Es war eine Zeit der Etikettierungen und Schlagworte. In den kritischen Augenblicken erwartete man von einem

Schriftsteller, dass er sich selber in einen engen, kleinen, stickigen Käfig von Lügen einschloss. Im besten Fall legte sich fast jeder eine Art freiwilliger Selbstkontrolle auf (»Kann ich das überhaupt schreiben? Ist es nicht pro-faschistisch?«). Dass in einer solchen Atmosphäre keine guten Romane entstehen konnten, ist selbstverständlich. Gute Romane stammen nicht aus der Feder von Gesinnungsschnüfflern oder Leuten, die fortwährend in der Angst leben, nicht linientreu zu sein. Gute Romane werden von Leuten geschrieben, die *keine Angst* haben. Und damit bin ich wieder bei Henry Miller.

III

Wäre jetzt der richtige Augenblick, um literarische »Schulen« ins Leben zu rufen, so könnte man mit Henry Miller eine neue beginnen.

Auf jeden Fall ist er der Markierungspunkt eines neuen, unerwarteten Pendelschlags, eines erstaunlichen Umschwungs. Seine Bücher sind eine Abkehr vom *zoon politikon*, dem »politischen Tier«, eine Rückkehr zu einer Einstellung, die nicht nur individualistisch, sondern völlig passiv ist – zum Standpunkt eines Mannes, der davon überzeugt ist, dass sich die globale Entwicklung seiner Kontrolle entzieht, und der auch kaum den Wunsch hat, sie zu kontrollieren.

Ich begegnete Miller zum ersten Mal Ende 1936, als ich auf meinem Weg nach Spanien durch Paris kam. Was mich an ihm am meisten verunsicherte, war die Entdeckung, dass er für den Krieg in Spanien auch nicht das geringste Interesse zeigte. Er erklärte mir mit allem Nachdruck, dass nur ein Idiot in diesem Augenblick nach Spanien ginge. Er könne noch verstehen, wenn jemand aus rein egoistischen Gründen oder aus Neugier dahin ginge, aber sich in dergleichen Dinge einzumischen, weil man sich dazu »moralisch verpflichtet« fühle, sei schiere Dummheit. Meine Ideen vom Kampf gegen den Faschismus und der Verteidigung der Demokratie seien nichts als Blödsinn. Unsere Zivilisation sei doch dazu bestimmt, weggespült und durch etwas so anderes ersetzt zu werden, dass wir es kaum noch menschlich würden nennen können – eine Aussicht, die ihn nicht weiter störte, wie er sagte. Und diese Ansicht zieht sich durch sein ganzes Werk. Überall findet sich dieses Vorgefühl der nahenden Katastrophe, und fast überall die unausgesprochene Überzeugung, dass es doch ganz gleichgültig sei. Die meines Wissens einzige politische Äußerung, die von ihm gedruckt existiert, ist rein negativ. Vor etwa einem Jahr schickte eine amerikanische Zeitschrift, das *Marxist Quarterly*, an verschiedene amerikanische Schriftsteller Fragebögen mit der Bitte, ihre Einstellung zum Thema Krieg zu beschreiben. Millers Antwort war ein extremer Pazifismus, aber nur auf seine Person bezogen; die individuelle Weigerung zu kämpfen. Aber nichts ließ erkennen, dass *er* die Absicht hatte, andere zu der gleichen Haltung zu bekehren – es war praktisch eine Verantwortungslosigkeitserklärung.

Nun gibt es allerdings mehrere Formen der Verantwortungslosigkeit. Schriftsteller, die sich nicht mit dem aktuellen Weltgeschehen zu identifizieren wünschen, ignorieren es oder kämpfen dagegen an. Diejenigen, die imstande sind, es zu ignorieren, sind vermutlich Dummköpfe. Die andern, die die Dinge so weit durchschauen, dass sie den Wunsch haben, dagegen anzukämpfen, haben vermutlich auch so viel Einsicht zu begreifen, dass sie den Kampf nicht gewinnen können. Man nehme zum Beispiel ein Gedicht wie *The Scholar Gypsy* von Matthew Arnold (1822–1888) mit seinem Geschimpf auf die »seltsame Krankheit des modernen Lebens« und seinem großartigen, defätistischen Gleichnis in der letzten Strophe. Es bringt eine der üblichen literarischen Haltungen zum Ausdruck, vielleicht sogar die vorherrschende der letzten hundert Jahre. Andererseits gibt es die »Progressiven«, die Ja-Sager, die vom Schlage Shaw/Wells, die hinter ihrem in die Zukunft projizierten Ich herlaufen und es umarmen, in dem Wahn, es sei die Zukunft. Im Großen und Ganzen bezogen die Schriftsteller der Zwanzigerjahre die erste, die der Dreißigerjahre die zweite Stellung. Daneben findet sich natürlich immer die große Horde der Barries, Deepings und Dells, die einfach keine Ahnung haben, was um sie herum vorgeht. Millers Werk ist deshalb von symptomatischer Bedeutung, weil es frei ist von jeder Einstellung dieser Art. Er ist weder bemüht, das Weltgeschehen voranzutreiben, noch, es zu bremsen, ohne es deshalb zu ignorieren. Ich würde sagen, dass er an den nahenden Ruin der westlichen Zivilisation viel fester glaubt als die meisten »revolutionären« Schriftsteller. Er fühlt sich nur nicht berufen, etwas dagegen zu unternehmen. Er geigt, während Rom brennt, aber im Gegensatz zu der erdrückenden Mehrheit, die das Gleiche tut, wendet er das Gesicht den Flammen zu.

In *Max and the White Phagocytes* findet sich eine jener Stellen, in denen ein Autor weit mehr über sich selbst sagt als über den, von dem er spricht. Das Buch enthält einen langen Essay über die Aufzeichnungen von Anaïs Nin. Ich habe nichts davon gelesen außer ein paar Bruchstücken, und ich glaube, sie sind auch nie veröffentlicht worden[26]. Miller behauptet, sie seien die einzige durch und durch echte schriftstellerische weibliche Arbeit, die je veröffentlicht worden sei, was immer das heißen mag. An der erwähnten Stelle wird Anaïs Nin – offenbar eine vollkommen subjektive, introvertierte Schriftstellerin – mit Jonas im Bauch des Wals verglichen. Beiläufig erwähnt der Autor

---

26 *Die Tagebücher der Anaïs Nin*, ersch. 1966–1971.

einen Essay, den Aldous Huxley vor einigen Jahren über ein Bild El Grecos, *Der Traum Philipps des Zweiten*, schrieb. Huxley bemerkt dazu, dass die Figuren auf dem Bild alle so aussähen, als befänden sie sich im Bauch von Walen, und er gesteht, dass ihm die Vorstellung, in einem »Gefängnis von Eingeweiden« eingeschlossen zu sein, besonders entsetzlich sei. Miller erwidert, es gebe im Gegenteil viel Schlimmeres, als von einem Wal verschluckt zu werden, und aus der Antwort geht deutlich hervor, dass er, Miller, den Gedanken eher attraktiv findet. Damit berührt er etwas, was vermutlich eine sehr weit verbreitete Wunschvorstellung ist. Es ist bemerkenswert, dass jeder, wenigstens jeder Englischsprechende, ausnahmslos von Jonas und dem *Wal* redet. Natürlich war das Ungeheuer, das Jonas verschlang, ein Fisch und wird so in der Bibel beschrieben (Jonas 2, 1), aber Kinder verwechseln es gern mit einem Wal, und diese Kindheitserinnerung wird meistens in das spätere Leben mit hinübergenommen – vielleicht ein Beweis, wie stark die Legende von Jonas sich dem Gedächtnis eingeprägt hat. Tatsache ist, dass die Vorstellung, sich im Innern eines Wals zu befinden, tröstlich, gemütlich und anheimelnd wirkt. Der geschichtliche Jonas, wenn man das sagen kann, war jedenfalls froh, dem Wal wieder entronnen zu sein, aber in der Fantasie, in Tagträumen, haben ihn viele Menschen beneidet. Warum, liegt auf der Hand. Der Bauch eines Wales ist eine Höhle, groß genug, um einen Erwachsenen aufzunehmen. Man ist dort in einem dunklen, ausgepolsterten Raum, der genau passt, mit einer dicken Speckschicht zwischen sich und der Außenwelt. So hat man die Möglichkeit, sich mit absoluter Gleichgültigkeit gegenüber allem, was immer draußen vorgeht, zu verhalten. Ein Sturm, der jedes Kriegsschiff der Welt zum Sinken brächte, würde einen nur von Weitem, kaum als ein Säuseln, erreichen. Selbst die Eigenbewegungen des Wals würde man wohl nur wenig spüren. Ob er sich auf der Meeresoberfläche wiegt oder in die Dunkelheit der mittleren Tiefen schießt (nach Herman Melville eine Meile), man würde keinen Unterschied merken. Es ist fast schon der Tod, ein Zustand endgültiger, unüberbietbarer Verantwortungslosigkeit. Und was immer es mit Anaïs Nin auf sich gehabt hat, Miller befindet sich selbst im Innern des Wals, kein Zweifel. Seine besten und persönlichen Arbeiten sind vom Standpunkt des Jonas geschrieben worden, eines bereitwilligen Jonas. Nicht dass er sonderlich introvertiert wäre, im Gegenteil. In seinem Fall ist der Wal zufällig durchsichtig. Er fühlt sich jedoch nicht im Geringsten bewogen, was mit ihm geschieht, zu ändern oder zu kontrollieren. Er hat den essenziellen Jonas-Akt ausgeführt, indem er sich, *mit seiner Zustimmung,* vom Wal verschlungen zu werden, passiv verhält.

Es wird sich noch zeigen, was das bedeutet. Es ist eine Art von Quietismus, der entweder vollkommene Glaubenslosigkeit oder einen fast mystischen Glauben in sich schließt. Die Grundhaltung ist ein »Je m'en fous« oder »Schlägt mich auch der HERR, so will ich IHM doch trauen«, von welcher Seite man es sehen will. Praktisch ist beides identisch und die Moral in beiden Fällen: »Bleib du ruhig auf deinem Hintern sitzen.« Lässt sich eine solche Haltung in einer Zeit wie der unseren verantworten? Man sieht, dass es fast unmöglich ist, diese Frage zu unterdrücken. Im Augenblick der Niederschrift befinden wir uns immer noch in einer Lage, in der man für selbstverständlich hält, dass Bücher immer eine positive Aussage enthalten, ernst gemeint und »konstruktiv« sein müssen. Noch vor einem Dutzend Jahren wäre das mit höhnischem Lächeln aufgenommen worden. (»Meine liebe Tante, man schreibt nicht *über* etwas, man *schreibt* einfach.«) Dann schwang das Pendel weg von der frivolen Auffassung, Kunst sei lediglich eine Angelegenheit der Technik, aber es schwang ein großes Stück zurück, bis zu der Behauptung, kein Buch könne »gut« sein, wenn es nicht auf einer »wahrheitsgetreuen« Wiedergabe des Lebens beruhe. Natürlich glaubten die Leute, sie selber seien im Besitz der Wahrheit. Katholische Kritiker neigen zum Beispiel zu der Meinung, dass Bücher nur dann »gut« sein könnten, wenn sie den katholischen Standpunkt vertreten. Marxistische Kritiker stellen die gleiche Forderung, nur ungenierter. Zum Beispiel schreibt Edward Upward (*A Marxist Interpretation of Literature* in *The Mind in Chains*): »Eine literarische Kritik, welche den Anspruch erhebt, marxistisch zu sein, muss ... davon ausgehen, dass kein *in der heutigen Zeit* geschriebenes Buch ›gut‹ sein kann, wenn es nicht von einem marxistischen Standpunkt geschrieben ist oder sich ihm nähert.«

Andere Schriftsteller haben gleiche oder ähnliche Behauptungen aufgestellt. Bei Upward sind die Worte *in der heutigen Zeit* kursiv gesetzt, weil er sich bewusst ist, dass man ein Werk wie zum Beispiel Hamlet nicht deshalb ablehnen kann, weil Shakespeare kein Marxist war. Trotzdem wird in seinem interessanten Essay diese Schwierigkeit nur sehr kurz abgetan. Ein Großteil der Literatur, die uns von früher überliefert ist, ist durchsetzt von Glaubenslehren (dem Glauben etwa an die Unsterblichkeit der Seele), die uns heute als falsch und in manchen Fällen als verachtungswürdig dumm erscheinen. Und trotzdem ist es »gute« Literatur, wenn Fortbestand ein Beweis dafür ist. Upward würde zweifellos antworten, dass ein Glaube, der vor Jahrhunderten zeitgemäß war, heute unzeitgemäß und daher verdummend wirken könnte. Aber das bringt einen nicht viel weiter, da es auf der Annahme beruht, dass es zu jeder Zeit jeweils nur *einen* vorherrschenden Glauben gibt, welcher die zeitgenössische Annäherung an die Wahrheit darstellt, und dass die dann jeweils beste Literatur mehr oder weniger damit übereinstimmt. In Wahrheit hat es eine solche Uniformierung nie gegeben. In England bestand im 17. Jahrhundert eine Spaltung auf religiösem und politischem Gebiet, die dem heutigen Antagonismus zwischen Rechts und Links auffallend ähnelt. Die meisten modernen Menschen würden rückblickend den Eindruck haben, dass der frühbürgerlich-puritanische Standpunkt sich mehr der Wahrheit näherte als der katholisch-feudale. Fest steht, dass nicht alle, und nicht einmal die Mehrheit der besten Schriftsteller jener Zeit, Puritaner waren. Und darüber hinaus gibt es »gute« Schriftsteller, deren Weltanschauung in jedem Zeitalter für falsch und dumm gehalten werden müsste. Edgar Allan Poe ist ein Beispiel dafür. Poes Einstellung ist bestenfalls wilde Romantik und schlimmstenfalls nicht weit von Wahnsinn im klinischen Sinne entfernt. Wie kommt es dann, dass Erzählungen wie *Die schwarze Katze, Das verräterische Herz, Der Fall des Hauses Usher* und andere, die durchaus von einem Wahnsinnigen hätten stammen können, in einem nicht das Gefühl von Falschheit aufkommen lassen? Weil sie innerhalb eines bestimmten Rahmens wahr sind, sie entsprechen den Gesetzen ihrer eigenen besonderen Welt, wie ein japanisches Bild. Es stellt sich jedoch heraus, dass man, um eine solche Welt mit Erfolg zu beschreiben, an sie glauben muss. Man erkennt sofort den Unterschied, wenn man Poes *Tales* mit Julian Greens *Minuit*[27] vergleicht, einem meiner Auffassung nach unaufrichtigen Versuch, eine ähnliche Atmosphäre zu schaffen. Was einem sofort bei *Minuit* auffällt, ist das Fehlen jeder Begründung für die darin geschilderten Vorgänge. Alles ist völlig willkürlich, ohne jede Logik des Gefühls. Und gerade das fühlt man bei Poes Erzählungen *nicht*. Ihre irre Folgerichtigkeit innerhalb ihres eigenen Aufbaus ist absolut überzeugend. Wenn zum Beispiel der Trunkenbold die schwarze Katze ergreift und ihr mit einem Taschenmesser die Augen aussticht, dann weiß man genau, warum er es tut, ja es geht so weit, dass man fühlt, man würde das Gleiche

27 ersch. 1936.

81

unter den gleichen Umständen getan haben. Offenbar ist es für einen schöpferischen Schriftsteller weniger wichtig, die »Wahrheit« zu besitzen als Aufrichtigkeit des Gefühls. Sogar Upward würde nicht so weit gehen, von einem Schriftsteller nichts anderes als eine marxistische Schulung zu verlangen. Er muss auch talentiert sein. Aber Talent ist offensichtlich eine Frage der Fähigkeit, sich um etwas zu *kümmern* und an den eigenen Glauben wirklich zu *glauben,* mag er nun wahr oder falsch sein. Der Unterschied zwischen Céline und Evelyn Waugh zum Beispiel ist der der emotionellen Intensität. Es ist der Unterschied zwischen echter Verzweiflung und einer Verzweiflung, die, wenigstens zum Teil, nur vorgetäuscht ist. Und damit geht eine andere Betrachtung Hand in Hand, die vielleicht weniger nahe liegt: ob man nicht gelegentlich an einem »falschen« Glauben ehrlicher festhält als an einem »wahren«.

Wenn man auf die Bücher zurückblickt, die aus persönlicher Erfahrung über den Krieg von 1914–1918 geschrieben worden sind, stellt man fest, dass alle, die nach einer gewissen Zeit noch lesbar sind, einer passiven, negativen Haltung entstammen. Es sind Aufzeichnungen von etwas völlig Sinnlosem, ein Albtraum im leeren Raum. Das war natürlich nicht die Wirklichkeit des Krieges, aber es war die Wahrheit über eine individuelle Reaktion. Der Soldat, der unter feindlichem Sperrfeuer stürmte oder bis zur Hüfte in überschwemmten Schützengräben im Wasser stand, wusste nur, dass er in fürchterliche Vorgänge verwickelt war, denen er hilflos ausgeliefert blieb. Er war eher geeignet, aus seiner Hilflosigkeit und Unwissenheit heraus ein gutes Buch zu schreiben, als jemand, der angeblich das Ganze aus einer bestimmten Perspektive überblickte. Von allen Büchern, die während des Krieges entstanden, waren die besten von Leuten, die dem Krieg den Rücken zukehrten und versuchten, nicht zur Kenntnis zu nehmen, dass ein Krieg im Gange war. E. M. Forster berichtete, wie er 1917 *Prufrock* und andere frühe Gedichte von Eliot gelesen habe und wie ermutigend es für ihn in jener Zeit gewesen sei, Gedichte in die Hand zu nehmen, die von dem allgemeinen Zeitgeist völlig unberührt waren:

»Sie sprachen von privatem Ekel und von Scheu, und von Menschen, die echt zu sein schienen, weil sie unattraktiv oder schwächlich waren … Hier war ein Protest, zwar ein schwacher, aber umso vertrauter, je schwächer er war … Jemand, der sich abwenden konnte, um über Damen und Wohnzimmer zu klagen, bewahrte einen winzigen Funken unserer Selbstachtung, unser menschliches Erbe.«

Das ist gut gesagt. MacNeice zitiert in dem von mir bereits erwähnten Buch diesen Absatz und fügt etwas selbstgefällig hinzu:

»Zehn Jahre später sollten die Dichter weniger schwächliche Proteste erheben und das menschliche Erbe in etwas anderer Weise bewahren ... Die Betrachtung einer fragmentarischen Welt wird langweilig, und Eliots Nachfolger sind mehr daran interessiert, sie aufzuräumen ...«

Ähnliche Bemerkungen sind über das ganze Werk von MacNeice verstreut. Er möchte uns glauben machen, dass Eliots »Nachfolger« (gemeint sind MacNeice und seine Freunde) gewissermaßen lautstärker »protestiert« hätten, als es Eliot mit der Veröffentlichung von *Prufrock* in dem Augenblick tat, als die alliierten Armeen gegen die Hindenburg-Linie anstürmten. Ich weiß nur nicht, wo diese »Proteste« zu finden sind. Aber in dem Gegensatz zwischen den Kommentaren von Forster und MacNeice liegt genau der Unterschied zwischen einem Mann, der weiß, was der Krieg 1914–1918 bedeutete, und einem, der sich kaum an ihn erinnert. Die Wahrheit ist, dass es 1917 nichts gab, was ein denkender und fühlender Mensch tun konnte, außer menschlich zu bleiben, soweit das möglich war. Und eine Geste der Hilflosigkeit, ja selbst der Frivolität dürfte das Beste gewesen sein.

Wäre ich im Ersten Weltkrieg Frontsoldat gewesen, hätte ich *Prufrock* eher in die Hand genommen als *The First Hundred Thousand*[28] oder Horatio Bottomleys *Letters to the Boys in the Trenches*. Wie Forster hätte ich empfunden, dass Eliot durch das Einfach-Beiseite-Stehen und Mit-Vorkriegsgefühlen-Kontakt-Halten das menschliche Erbe bewahrte. Welch ein Trost wäre es in einer solchen Zeit gewesen, etwas von den kleinen Sorgen eines glatzköpfigen Intelligenzlers in mittleren Jahren zu lesen. So völlig verschieden vom Bajonettdrill! Nach Bomben- und Lebensmittelschlangen, Werbeplakaten für die Armee eine menschliche Stimme! Welch ein Trost!

Aber schließlich war der Krieg von 1914–1918 nur ein Höhepunkt in einer ständigen Krise. Heute braucht man kaum noch einen Krieg, um sich der Auflösung unserer Gesellschaft und der wachsenden Hilflosigkeit aller anständig denkenden Menschen bewusst zu werden. Aus diesem Grunde glaube ich, dass die passive, nicht kooperative Haltung, die sich in Henry Millers Werk findet, berechtigt ist. Gleichviel, ob es ausdrückt oder nicht ausdrückt, was Menschen fühlen *sollten*, vermutlich kommt es dem Ausdruck dessen nahe, was sie

28 von John Hay Beith, ersch. 1915.

wirklich *fühlen*. Noch einmal, es ist eine menschliche Stimme zwischen Bombenexplosionen, eine freundliche amerikanische Stimme, unbefleckt von jeder Sorge um das Gemeinwohl. Keine Predigten, nichts als subjektive Wahrheit, und nur auf dieser Linie scheint es heute noch möglich, einen guten Roman zu schreiben. Es muss nicht notwendigerweise ein erbaulicher Roman sein, aber bestimmt ist es einer, der lesenswert ist und den man vermutlich auch nach der Lektüre nicht so bald vergisst.

Während ich dies hier niederschreibe, ist ein neuer europäischer Krieg ausgebrochen. Er wird sich entweder über mehrere Jahre erstrecken und die westliche Zivilisation in Stücke schlagen, oder er wird ohne Ergebnis enden und den nächsten Krieg vorbereiten, der dann die Sache ein für alle Mal erledigen wird. Aber Krieg ist nur »intensivierter Friede«. Was offensichtlich vor sich geht, ob Krieg oder nicht Krieg, ist der Zusammenbruch des »Laissez-faire«-Kapitalismus und der liberal-christlichen Kultur. Noch bis vor Kurzem war das ganze Ausmaß dieses Vorgangs nicht vorhersehbar, weil man sich allgemein einbildete, der Sozialismus könne die Atmosphäre des Liberalismus beibehalten und sogar erweitern. Heute fängt man an einzusehen, wie falsch das war. Mit fast tödlicher Sicherheit bewegen wir uns auf ein Zeitalter totalitärer Diktaturen zu, ein Zeitalter, in dem Gedankenfreiheit zunächst eine Todsünde und später ein leerer, abstrakter Begriff sein wird. Das selbstständig denkende und handelnde Individuum wird ausgelöscht werden. Das bedeutet, dass Literatur, wie wir sie kennen, zumindest auf eine lange Zeit tot sein wird. Die Literatur des Liberalismus nähert sich ihrem Ende, und die Literatur des Totalitarismus ist noch nicht in Erscheinung getreten und kaum vorstellbar.

Was den Schriftsteller betrifft, so sitzt er auf einem schmelzenden Eisberg; er ist ein bloßer Anachronismus, das Überbleibsel aus dem Zeitalter der Bourgeoisie, so sicher zum Aussterben verurteilt wie das Nilpferd. Miller ist für mich schon deshalb außergewöhnlich, weil er das lange vor den meisten seiner Zeitgenossen erkannt und ausgesprochen hat, zu einer Zeit, als viele noch von einer Renaissance der Literatur schwafelten. Schon vor Jahren hat Wyndham Lewis gesagt, die Geschichte der englischen Sprache sei im Wesentlichen abgeschlossen, aber er hat diese Behauptung mit verschiedenen und ziemlich banalen Gründen belegt. Aber von jetzt an ist es die entscheidende Tatsache für jeden schöpferischen Schriftsteller, dass unsere Welt bald nicht mehr die Welt eines Schriftstellers sein wird. Das heißt nicht, dass er nichts dazu tun könnte, um der neuen Gesellschaft ins Leben zu verhelfen, er kann nur nicht als *Schriftsteller* daran teilnehmen, denn als solcher ist er liberal, und die Entwicklung läuft auf eine Zerstörung des Liberalismus hinaus. Es ist daher sehr unwahrscheinlich, dass in den noch bleibenden Jahren freier Meinungsäußerung jeder lesenswerte Roman mehr oder weniger der Linie Millers folgen wird – ich meine nicht in Bezug auf Technik oder Stoff, sondern weltanschaulich. Es ist eine Rückkehr zur Haltung des Unbeteiligtseins, und es wird ein bewussteres Unbeteiligtsein sein als vorher. Fortschritt und Reaktion haben sich beide als Schwindel herausgestellt. Scheinbar bleibt nichts übrig als Quietismus – der Wirklichkeit ihren Schrecken zu nehmen, indem man sich ihr einfach überlässt. Zieh dich ins Innere des Wals zurück – oder genauer: Gib zu, dass du im Innern des Wals bist (denn du bist es natürlich). Überlass dich dem Weltgeschehen und hör auf, dagegen zu kämpfen oder so zu tun, als könntest du es beeinflussen. Nimm es hin, erdulde es, verzeichne es. Das scheint die Formel zu sein, die jeder sensible Schriftsteller sich vermutlich in Zukunft zu eigen machen dürfte. Ein Roman, der positiver, »konstruktiver« und trotzdem auch vom Gefühl her echt ist, erscheint gegenwärtig nur sehr schwer vorstellbar.

Sage ich damit, dass Miller ein »großer Autor«,

eine Hoffnung der englischen Prosa ist? Nichts dergleichen. Miller selbst wäre der Letzte, etwas Derartiges zu beanspruchen oder zu wollen. Zweifellos wird er weiterschreiben – jeder, der einmal zu schreiben angefangen hat, wird immer weiterschreiben –, und neben ihm gibt es eine Reihe von Schriftstellern von ungefähr der gleichen Tendenz. Lawrence Durrel, Michael Fraenkel und andere, fast eine ganze »Schule«. Dennoch erscheint er mir im Wesentlichen als der Mann nur *eines* Buches. Ich könnte mir vorstellen, dass er früher oder später in Unverständlichkeit und Scharlatanerie verfällt. Anzeichen für beides sind in seinem letzten Schaffen vorhanden. Sein letztes Buch, *Wendekreis des Steinbocks*[29], habe ich nicht gelesen, nicht weil ich es nicht lesen wollte, sondern weil die Polizei und die Sittlichkeitsbehörde mich bisher daran gehindert haben. Aber es würde mich überraschen, wenn es irgendwie an *Wendekreis des Krebses* herankäme oder an die ersten Kapitel von *Schwarzer Frühling*. Wie gewissen anderen autobiografischen Erzählern war es ihm gegeben, ein vollkommenes Werk zu schaffen, und das hat er getan. Wenn man sich die Erzählliteratur der Dreißigerjahre ansieht, so ist das schon etwas.

29 ersch. 1939.

Millers Bücher werden von der Obelisk Press in Paris verlegt. Was wird aus der Obelisk Press jetzt, wo der Krieg ausgebrochen und Jack Kahane, der Verleger, gestorben ist? Ich weiß es nicht, jedenfalls sind die Bücher heute noch greifbar. Ich rate daher jedem, der es noch nicht getan hat, wenigstens den *Wendekreis des Krebses* zu lesen. Wenn man es schlau anstellt oder etwas mehr als den angegebenen Preis zahlt, bekommt man noch ein Exemplar. Und selbst wenn einzelne Stellen einen anwidern, es bleibt einem im Gedächtnis haften. Es ist ein »bedeutendes« Buch, wenn auch nicht ganz in dem Sinne, in dem das Wort allgemein angewendet wird. Gewöhnlich werden die wenigen Romane als »bedeutend« bezeichnet, die entweder eine »schwere Anklage« gegen irgendetwas erheben oder vom Technischen her etwas Neues bringen. Weder das eine noch das andere trifft auf *Wendekreis des Krebses* zu. Seine Bedeutung ist lediglich symptomatisch. Meiner Meinung nach haben wir es hier mit dem einzigen wertvollen Erzähler zu tun, der in den letzten Jahren in der Englisch sprechenden Welt erschienen ist. Und selbst wenn man dieses Urteil als starke Überschätzung ablehnen sollte, wird man wohl zugeben müssen, dass Miller ein Schriftsteller ist, der aus dem gewöhnlichen Rahmen fällt und mehr als nur einen flüchtigen

Blick verdient. Und schließlich ist er vollkommen negativ, amoralisch und nicht konstruktiv, ein bloßer Jonas, der das Böse passiv hinnimmt, eine Art Whitman unter Leichen. Diese Symptome besagen mehr als die Tatsache, dass in England jedes Jahr 5000 Romane herauskommen, von denen 4900 Mist sind. Sie sind ein Beweis für die *Unmöglichkeit,* bedeutende Literatur zu schaffen, solange sich die Welt nicht selbst zu ihrer neuen Gestalt durchgeschüttelt haben wird.

Erschienen 1940

IAN McEWAN

George Orwell außerhalb des Wals

Lassen Sie mich mit einem Ort anfangen, einer Wohnung in Montparnasse, mit einem Datum, dem 23. Dezember 1936, und mit einem Geschenk von einem Schriftsteller an einen anderen: einer Cordjacke, aus Sicht des Beschenkten vielleicht noch mit Spuren von Walspeck an den Aufschlägen. Der großzügige Spender war der amerikanische Autor Henry Miller. Sein Besucher George Orwell, der auf dem Weg nach Spanien war, um dort im Bürgerkrieg zu kämpfen, könne die warme Jacke im spanischen Winter sicher gebrauchen; allerdings sei sie nicht kugelsicher. Das Geschenk, so Miller weiter, sei sein Beitrag für die Loyalisten im antifaschistischen Kampf.

Die Weichen für die Begegnung dieser beiden Männer (der Amerikaner fast 45, der Engländer 33) waren durch Orwells positive Besprechung von Millers Roman *Im Wendekreis des Krebses* gestellt worden, auf die ein kollegialer Briefwechsel folgte. Das Treffen bietet uns sowohl ein *tableau vivant* als auch einen Einblick in die innersten Ursprünge von Orwells gefeiertem Essay *Im Innern des Wals,* der 1940, also mehr als drei Jahre später, bei Gollancz in Buchform veröffentlicht wurde. Trotz durchaus vorhandener beidseitiger Bewunderung gab es viel, worin diese beiden Schriftsteller uneins waren. Henry Miller, freiwillig im Exil, beflissener Bohemien und Kulturpessimist, Hedonist und unermüdlich sexuell aktiv – oder eher ermüdend, wie in den Siebzigern die Feministinnen der zweiten Welle befinden sollten. Für Politik und politischen Aktivismus hatte er nur tiefe Verachtung übrig. Als Schriftsteller lebte er, in Orwells Worten, »im Innern des Wals«. Seine politischen Ansichten, wenn er denn welche hatte, waren naiv, selbstbezogen und unbekümmert. In einem Brief an Lawrence Durrell schrieb Miller, er sei sicher, er könne dem aufstrebenden Nazismus und der Kriegsbedrohung ein Ende machen, wenn er nur fünf Minuten allein mit Adolf Hitler haben und ihn zum Lachen bringen könnte.

Unsere Quelle für Millers Sicht seiner Begegnung mit Orwell ist ein Bericht des österreichisch-britischen Schriftstellers Alfred Perlès, ein langjähriger Freund, dessen Erinnerungen an Miller 1955 veröffentlicht wurden. Orwells kurze Schilderung stammt aus *Im Innern des Wals.* Ästhetisch wie politisch trennten die beiden Männer Welten. Orwell befand sich um diese Zeit natürlich weit außerhalb des Wals – er engagierte sich im antifaschistischen Kampf und gegen die soziale Ungerechtigkeit im eigenen Land. »Er erklärte mir«, erinnerte sich Orwell später, »mit allem Nachdruck, dass nur ein Idiot in diesem Augenblick nach Spanien ginge … Meine Ideen vom Kampf gegen den Faschismus und der Verteidigung der Demokratie seien nichts als Blödsinn.« Miller hat allerdings nicht lange versucht, Orwell die Reise nach Spanien auszureden. In seinen Augen war die moderne Zivilisation dem Untergang geweiht, was ihn nicht die Bohne interessierte. Laut Perlès' Erinnerungen erzählte Orwell dem Amerikaner, er fühle sich schuldig wegen der Jahre, die er bei der britischen Kolonialpolizei in Burma gedient hatte. Miller fand, indem sein Besucher in Paris und London mit den Ausgestoßenen der Gesellschaft gelebt und den *Weg nach Wigan Pier* geschrieben hatte, habe er jegliche Schuld zur Genüge getilgt. Orwell erwiderte, in Spanien fände ein Krieg statt, der entscheidend sei für die Menschenrechte, da könne er nicht abseits stehen. Freiheit und Demokratie schützten die Freiheit des Künstlers – und somit indirekt auch Millers Freiheit. Laut Perlès betonte Orwell, »wo die Rechte und das Leben eines ganzen Volkes auf dem Spiel stehen, kann es keinen Gedanken daran geben, die Selbstaufopferung zu scheuen. Er brachte seine Überzeugungen so ernsthaft und bescheiden vor, dass Miller von weiteren Gegenargumenten absah und ihm prompt seinen Segen gab.« Kurz darauf hat er ihm dann die Jacke geschenkt, die viel praktischer sei, wie er fand, als der schicke blaue Anzug, den Orwell an diesem Tag trug.

Offenbar sind die beiden Schriftsteller im Guten auseinandergegangen. In seinem Essay *Im Innern des Wals* führt Orwell aus, dass es zu Millers ästhetischer Freiheit gehöre, sich dem politischen Engagement zu verweigern. Und Miller seinerseits hätte, so Perlès, Orwell die Jacke auch dann geschenkt, wenn er nach Spanien gefahren wäre, um aufseiten der Faschisten zu kämpfen.

Ich habe mir diverse Fotos angesehen, die Orwell unter den Rekruten der Kasernen von Barcelona oder in jenem Winter an der Front in Aragon zeigen, konnte aber nirgendwo eine warme, nicht kugelsichere Cordjacke entdecken. Aus *Mein Katalonien* wissen wir, dass Orwell an jenem Abend auch im Zug seinen eleganten blauen Anzug trug. Als man sich am nächsten Tag der Grenze näherte, riet ihm ein Mitreisender, den Kragen abzutrennen und den Schlips abzunehmen, damit ihn die anarchistischen Grenzkontrollen nicht zu bourgeois fänden und zurückschickten. Durchaus möglich, dass Millers Jacke schon am Abend zuvor einen neuen Besitzer gefunden hatte und die Schultern eines Obdachlosen wärmte oder von Orwell in eine der Mülltonnen von Montparnasse geworfen worden war. Das sei eben die unveräußerliche Freiheit eines Schriftstellers, hätte er vermutlich dazu gesagt.

*

Die Differenzen zwischen Miller und Orwell repräsentieren Nord und Süd, die äußersten Enden auf einer Orientierungsskala, mit der sich jeder Schriftsteller, jede Schriftstellerin konfrontiert sieht, in unseren schwierigen Zeiten ebenso wie 1936 oder, insbesondere, 1940. Es ist eine Skala, auf der sich Schriftsteller je nach ihren Bedürfnissen womöglich ihr ganzes Berufsleben lang auf oder ab bewegen, entgehen aber kann man ihr nicht – beziehungsweise bedeutet das Recht, ihr zu entgehen, eben jene Freiheit, die Orwell mit seinem Essay gewähren will. Angesichts seiner eigenen Position als einer der politischsten und engagiertesten Schriftsteller unserer Zeit ist *Im Innern des Wals* ein Geschenk – ein weiteres Geschenk – schriftstellerischer Großzügigkeit.

»Man ist dort«, schrieb Orwell, »in einem dunklen, ausgepolsterten Raum, der genau passt, mit einer dicken Speckschicht zwischen sich und der Außenwelt. So hat man die Möglichkeit, sich mit absoluter Gleichgültigkeit gegenüber allem, was immer draußen vorgeht, zu verhalten. Ein Sturm, der jedes Kriegsschiff der Welt zum Sinken brächte, würde einen nur von Weitem, kaum als ein Säuseln, erreichen … Es ist fast schon der Tod, ein Zustand endgültiger, unüberbietbarer Verantwortungslosigkeit … Miller befindet sich selbst im Innern des Wals, kein Zweifel … Er fühlt sich jedoch nicht im Geringsten bewogen, was mit ihm geschieht, zu ändern oder zu kontrollieren.«

Man könnte nun mit einigem Grund annehmen, dass der Autor von *Der Weg nach Wigan Pier* und *Mein Katalonien*, der später *Farm der Tiere* und *1984* schreiben sollte, derlei unverantwortlichen Quietismus missbilligte. Großmut allein trifft es nicht ganz. Mit *Im Innern des Wals* begegnen wir ihm im Augenblick einer tiefgreifenden Enttäuschung, die Auden so unübertroffen auf den Punkt brachte: »Da die klugen Hoffnungen vergehn / eines niedren unehrlichen Jahrzehnts.« Orwells Pessimismus und Desillusionierung nach dem Sieg der Faschisten in Spanien gingen weit über Millers sorglose Bemerkungen hinaus und beruhten auf weit besserer Sachkenntnis. Und Orwell hatte im eigenen Lager die Grausamkeit und den Zynismus der Stalinisten erlebt. Gegen Ende der Dreißigerjahre hatten sich die meisten Menschen resigniert damit abgefunden, dass es zu einem weiteren großen Krieg kommen würde – so bald schon nach dem letzten. Um 1940 rechnete Orwell mit einem Einmarsch Deutschlands in Großbritannien.

Politisches Engagement bedeutete damals bei linken Schriftstellern – also den meisten Schriftstellern –, am sowjetischen Traum festzuhalten, und dies trotz des ersten Fünfjahresplans, der Hungersnot in der Ukraine, der Säuberungen und Schauprozesse und jüngst erst des deutsch-russischen Nichtangriffspakts von 1939. Für Orwell war diese Art von politischem Engagement wie ein überhitzter, erstickender Raum voller Lügen. In einer Besprechung von Malcolm Muggeridges zeitnah verfasstem historischem Überblick *The Thirties* schrieb er: »Alle positiven Ansätze erwiesen sich als Fehlschlag. Glaubensbekenntnisse, Parteien, Programme jeglicher Art sind schlicht gescheitert.« Am Ende von *Im Innern des Wals* ergänzt er: »Mit fast tödlicher Sicherheit bewegen wir uns auf ein Zeitalter totalitärer Diktaturen zu, ein Zeitalter, in dem Gedankenfreiheit zunächst eine Todsünde und später ein leerer, abstrakter Begriff sein wird.«

Ein wesentliches Thema, die Umformung erst einzelner Gedanken, dann des Denkens selbst, kommt hier mehrere Jahre vor seiner differenzierteren Ausführung in *1984* zur Sprache. Als Kunstform sei der Roman pluralistisch, integrativ, tolerant und instinktiv liberal, doch sei diese liberale Tendenz, so Orwell, vom Aussterben bedroht. Der Schriftsteller sitze auf einem »schmelzenden Eisberg«. Deshalb schlägt Orwell vor, allerdings nicht sonderlich glaubhaft, man solle aufhören zu kämpfen, aber auch, so zu tun, als ändere oder kontrolliere man das Weltgeschehen: »Nimm es hin, erdulde es, verzeichne es.«

In einer umfassenden Reaktion auf das Vordrängen des Ideologischen, des »korrekten« Denkens, in private Gedanken und den öffentlichen Diskurs, voller Verachtung für das, was er »Gesinnungsschnüffelei« nennt, aber auch entsetzt über die totalitären Staaten Deutschland, Russland und Italien, sah sich Orwell Ende der Dreißigerjahre in einem zivilisatorischen Kampf begriffen. Seit über vierhundert Jahren beruhen die großen Literaturen Europas – trotz der langjährigen Vorherrschaft des Christentums – auf dem autonomen Individuum, auf intellektueller Ehrlichkeit. Daher das vielzitierte: »Zuvorderst verlangen wir von einem Schriftsteller, dass er keine Lügen erzählt, dass er uns sagt, was er wirklich denkt, was er wirklich fühlt.«

Wenn dieser Kampf in den erhabensten Begriffen gefasst wird, so drückt sich sein ästhetisches Ergebnis in Orwells Essays als Wertschätzung für die ehrliche Aufzeichnung der gewöhnlichen Dinge im Leben aus, »von aller Welt wohlbekannten Fakten, die gedruckt dennoch nie erwähnt werden« – so schrieb er Henry Miller im August 1936, wenige Monate vor ihrer Begegnung. Das komische, von ihm zitierte Beispiel stammt aus *Im Wendekreis des Krebses* – »z. B. wenn der Kerl eigentlich mit einer Frau schlafen soll, die ganze Zeit aber unbedingt pinkeln muss«.

Heutzutage wird Henry Miller selten in einem Atemzug mit James Joyce erwähnt, aber Orwell fand, dass beide Schriftsteller die Poesie des Alltäglichen beschworen. Was mich wiederum an John Updikes Formulierung seiner schriftstellerischen Intention denken lässt: »Dem Alltäglichen geben, was ihm an Schönem zusteht.« In *Im Innern des Wals* lässt Orwell keinen Zweifel daran, dass Joyce in luftigere Sphären gehört als Miller, und wenn seine Ausführungen über das Lob des Alltäglichen heutzutage kaum mehr der Rede wert zu sein scheinen, dann nur deshalb, weil der Einfluss von Joyce so allumfassend ist.

Ich habe meinen Freund Christopher Hitchens, dem es nicht zum Nachteil gereicht hat, sein schriftstellerisches Leben im Banne Orwells zu verbringen, einmal gefragt, ob er je daran gedacht habe, einen Roman zu schreiben. Seine Antwort war bezeichnend und eine, die Orwell gefallen hätte. Hitchens sagte, er würde niemals einen Roman schreiben, da er nicht aufhören könne, politisch zu denken. Da hätte er von seinem Herrn und Meister allerdings noch etwas lernen können: Am 3. September 1939, einem Sonntagmorgen, verkündete Premierminister Neville Chamberlain der Nation am Radio, dass das Land sich nun im Krieg mit Deutschland befinde. Kurz darauf schrieb Orwell in sein Tagebuch: »Wallington nach zehntägiger Abwesenheit von Unkraut überwuchert. Rüben machen sich gut; ein paar Karotten sind mächtig groß geworden. Stangenbohnen ganz passabel. Die letzten Erbsen mickern vor sich hin. Eine Handvoll Zucchini. Ein Kürbis groß wie eine Billardkugel. Grenadier-Äpfel fast reif ... Frühkartoffeln eher bescheiden ...«

Im Innern des Wals gab es gerade genug Platz für einen Gemüsegarten, aber diese Notizen stammen natürlich aus dem Haushaltstagebuch. Ins Kriegstagebuch, das Orwell parallel führte, schrieb er: »Seit elf Uhr heute früh sind wir offenbar im Krieg … Die Deutschen haben Danzig eingenommen und greifen den polnischen Korridor von vier Stellungen im Norden und Süden an … Gasmasken werden umsonst verteilt, und die Öffentlichkeit scheint die Sache ernst zu nehmen … Keine Panik, allerdings auch keine Begeisterung.«

Diese zwei Tagebucheintragungen lassen ermessen, was Orwell gelungen ist, nämlich sowohl innerhalb wie außerhalb des Wals gut zurechtzukommen. Und beide verraten ein freigiebiges Maß an Aufmerksamkeit fürs Detail – so auch etwa in jener berühmten Passage seines Essays *Einen Mann hängen*. Orwell berichtet, wie er einem Verurteilten auf dem Weg zum Galgen folgt und beobachtet, wie der Gefangene, der nur noch Minuten zu leben hat, sorgfältig einer Pfütze ausweicht. Meiner Erfahrung nach neigen Autoren dazu, solche leuchtenden Momente der sinnlichen Erkenntnis hervorzuheben, wenn sie im Gespräch einen bestimmten Roman loben. Als Nabokov in Cornell Erstsemesterstudenten darin unterrichtete, wie man einen Roman lesen und schreiben sollte, riet er ihnen, »Themen« und den »Fusel der Verallgemeinerung« zu vergessen und stattdessen »die Details (zu) hätscheln«.

Wenn wir uns Orwell vorstellen, wie er in Barnhill auf der Insel Jura *1984* schrieb, sehen wir vielleicht den Mann mit der ewigen Zigarette im Mund vor uns, großgewachsen und über die Schreibmaschine gebeugt, als wäre er angekettet, besessen und voller Hingabe, wie er gegen die Zeit anschrieb und versuchte, seine kollabierenden Lungen zu ignorieren. In jenen Monaten aber ging er auch rudern und angeln, hat Erde umgegraben, Holz gesägt oder sein Motorrad repariert. Lang ehe er eine fiktive Farm der Tiere bewirtschaftete, hielt er eine Ziege und Hühner, arbeitete an der Drehbank und führte mit seiner Frau Eileen einen Lebensmittelladen. Er wusste, wie man ein Gewehr zerlegt oder einen Zug Soldaten drillt. Er kannte sich aus mit Rüben und Stangenbohnen und war seinem kleinen Kind ein fürsorglicher Vater. Sein halbes Leben, die nicht-schriftstellerische Hälfte, fand in einer Welt solider Dinge statt, die sich jeder Abstraktion verweigerten.

Ich stelle mir gern vor, dass sich dieser praktische Umgang mit der materiellen Welt aus derselben Quelle speiste, die auch die empirische, klarsichtige und faktische Qualität seiner Prosa prägte. Die körperlichen Aufgaben, denen er sich stellte, bedeuteten nicht nur Ablenkung von der Denkarbeit, sondern auch seine vollständige Hingabe ans Alltägliche – zugleich innerhalb wie außerhalb des Wals. Womit er die eigene, so nützliche Metapher unterlief.

*

Im Februar 1945 saß Orwell in britischer Armeeuniform (Standardmodell für Kriegskorrespondenten) an einem Tisch in der Brasserie Deux Magots am Place St. Germain des Prés und wartete auf die Begegnung mit einem anderen Schriftsteller. Sie sollten sich nie persönlich kennenlernen, denn Albert Camus, der wie Orwell an Tuberkulose litt, konnte krankheitshalber nicht kommen. Schade, denn es hätte viel zu besprechen gegeben, verband die beiden außer ihrer Tuberkulose und einer schweren Nikotinabhängigkeit – starke Gauloises für Camus und nicht minder starken, selbstgedrehten ›Shag‹ für Orwell – auch Spanien. Camus' Mutter war Spanierin. Die Schauspielerin Maria Casarès war seine Geliebte gewesen (und würde es bald wieder sein), die Tochter von Santiago Casares Quiroga, der knapp vor dem faschistischen Aufstand kurzzeitig Ministerpräsident Spaniens gewesen war. Camus war zehn Jahre jünger als Orwell, aber schon berühmt. Orwell war bekannt, aber *Die Farm der Tiere,* das Buch, das ihm zu internationaler Anerkennung verhelfen sollte, war von mehreren Verlegern abgelehnt worden und sollte erst im August dieses Jahres erscheinen.

Als Antistalinisten, Antitotalitaristen und Russlandgegner hatten sich Orwell und Camus abseits der allgemeinen Strömung der linken Orthodoxie positioniert. Vor allem aber hat Camus, wie Orwell, sein Leben lang über das Verhältnis seiner politischen Überzeugungen zu seinem literarischen Schaffen nachgedacht.

Als ich vor einem Jahr an einem vage politischen Roman schrieb, sandte mir ein Schriftstellerkollege Camus' Essay *Der Künstler und seine Zeit,* den er 1957, wenige Tage nachdem ihm der Nobelpreis verliehen worden war, in Schweden als Vortrag gehalten hatte. Großartig, wie Camus den Wunsch des Schriftstellers beschreibt, seine Meinung zu sagen, aber auch die ästhetischen Kompromisse oder gar den Schaden, den politisches Bewusstsein bei einem Roman anrichten kann. Geschrieben zwölf Jahre nach Kriegsende, wussten Camus wie Orwell nur zu genau um das Scheitern des großen sowjetischen Experiments. 1953 war der Aufstand in Ostdeutschland gewaltsam niedergeschlagen, 1956 die ungarische Revolution von den sowjetischen Truppen mörderisch unterdrückt worden. Mitte der Fünfzigerjahre wurde der Schrecken des Holocausts in seinem ganzen Ausmaß erkennbar. Der

Nazistaat war ein Albtraum gewesen, der noch die schlimmsten Fantasien übertraf. Es war es wert gewesen, diesen Krieg zu gewinnen, der nicht, oder nicht nur, ein imperialistischer Krieg gewesen war, wie viele Sozialisten, Orwell eingeschlossen, in den Dreißigerjahren behauptet hatten. Vor allem in Frankreich jedoch wurde nach wie vor von einem jeden Künstler erwartet, die russische Version des totalitären Staates zu unterstützen. Es war wichtig, auf Linie zu bleiben.

Camus schätzte, was er die »göttliche Freiheit« nannte, und Mozart war der Künstler, der sie in seinen Augen auf schönste Weise repräsentierte. Ebendiese Freiheit aber konnte angesichts ›ständiger Verpflichtung‹ verloren gehen. Der Konflikt zwischen politischem Engagement und ästhetischer Integrität, räumte Camus ein, sei nicht leicht zu lösen: »In der Deckkajüte der Galeeren kann man bekanntlich immer und überall die Gestirne besingen, während im Schiffsrumpf die Sträflinge rudern und keuchen; man kann immer das artige Geplauder aufzeichnen, das auf den Zuschauerbänken des Amphitheaters dahinplätschert, während die Knochen des Opfers unter den Zähnen des Löwen krachen.«

Letztlich aber meidet es Camus umständlich, sich Orwells Schlussfolgerungen zur Verteidigung des Stereneguckers und der Klatschbasen auf den Bänken des Amphitheaters anzuschließen. Widerstrebend plädiert er fürs Engagement. Laut Camus ist es besser, »der Zeit ihren Tribut zu zollen, wenn sie doch so laut danach schreit, und ruhig anzuerkennen, dass die Epoche der verehrten Meister, der kameliengeschmückten Künstler und der sesselthronenden Genies vorbei ist«. Trotzdem litt er darunter, denn gerade die Freiheit der großen Kunst fordere den autokratischen Staat heraus. Er schrieb: »Tyranneien wissen, dass im Kunstwerk eine befreiende Kraft steckt.« Und dann: »Jedes Werk macht das Menschenantlitz bewundernswerter und reicher ...«

Zum Schluss seines Vortrags hebt Camus einen Punkt hervor, der bei allen Bewunderern von Orwells klarem Prosastil Widerhall finden dürfte. Camus zitiert André Gide: »Die Kunst lebt vom Zwang und stirbt an der Freiheit.« Der Zwang, auf den Gide sich hier bezieht, kommt nicht von außen, von beamteten Zensoren oder allzu willfährigen Verlegern. Die Möglichkeiten der Kunst in turbulenten, gefährlichen Zeiten, schreibt Camus, ergeben sich aus »unserem Mut und unserem Willen zur Klarsicht«. Je chaotischer und bedrohlicher die Welt, je diffuser das Material, beharrt Camus, desto stärker verlangt die Kunst nach Ordnung –

»desto strenger wird seine (des Künstlers) Regel sein und desto nachdrücklicher die Bekräftigung seiner Freiheit«. Ein Schriftsteller kann in den Absichten radikal, in den Mitteln aber konservativ sein. Allein auf die Klarheit kommt es an.

Als Camus den Künstler mit der Kamelie im Knopfloch heraufbeschwor, das Genie im Sessel, musste ich gleich an Henry James denken. Der Meister war nicht gerade bekannt dafür, dass ihm die Spannung zwischen politischem Engagement und künstlerischer Freiheit zu schaffen machte. Dennoch vermute ich, dass Orwell wie Camus jene Version göttlicher Freiheit spontan sympathisch gewesen wäre, die James in *Die Kunst der Dichtung* formulierte, seinem großen Essay aus dem Jahre 1884. Darin gibt er aber auch einige praktische Ratschläge, die unseren beiden Romanciers der Mitte des zwanzigsten Jahrhunderts wohl sauer aufgestoßen wären.

»Man denke nicht zu viel an Optimismus und Pessimismus«, drängte James. »Vielmehr versuche man, die Farbe des Lebens selbst einzufangen.« Andererseits gibt es Passagen, die auch von Orwell stammen könnten: »Eine Kunst, die es unternimmt, das Leben so unmittelbar nachzuschaffen, kann sich nur entfalten, wenn sie vollkommen frei ist. Sie lebt davon, ausgeübt zu werden, und Freiheit ist die Grundvoraussetzung einer jeder Ausübung dieser Kunst.« Manche Passagen in Orwells Essay *Zur Verhinderung von Literatur* klingen fast wie ein Echo: »Wo kein Platz mehr für spontane Ideen ist, wird literarisches Schaffen zur Unmöglichkeit.« Und etwas später: »Heute wissen wir nur, dass die Fantasie sich wie bestimmte Tierarten in der Gefangenschaft nicht fortpflanzt.«

Und in einem besonders feinfühligen Abschnitt in James' Essay hätte Orwell wohl die eigene widersprüchliche Haltung wiedererkannt, das Problem, dass politisches Engagement beziehungsweise der Wunsch, dem Leser zu sagen, was er denken soll, nur allzu leicht das zarte Gewebe eines Romans zerreißen kann. James schrieb: »Erfahrung ist nie begrenzt und nie abgeschlossen; sie gleicht einer ungeheuren Sensibilität, einer Art riesigem, aus feinsten Seidenfäden gewebtem Spinnennetz, das in der Kammer unseres Geistes hängt und mit seinen Fäden jedes in der Luft schwebende Partikel einfängt. Erfahrung ist die Atmosphäre unseres Geistes selbst, und wenn dieser Geist der Fantasie freien Lauf lässt … nimmt er noch die leisesten Andeutungen von Leben auf und verwandelt selbst das Pulsieren der Luft in Offenbarungen.«

Man kann sich leicht ausmalen, wie diese schwebenden, feinsten Seidenfäden gestört, wenn nicht zerstört würden von jener ermüdenden Tagesordnung, die Auden in seinem Gedicht *Spanien* heraufbeschwört, das Orwell in *Im Innern des Wals* zitiert:

»heute die Kraftverschwendung bei platten kurzlebigen Flugblättern und langweiligen Versammlungen«.

*

Orwell, seit Mitte der Dreißiger politisch überaus engagiert, stellte in den Vierzigern immer und immer wieder klar, wie wichtig es ist, dass Romanciers ihren Lesern nicht vorschreiben, was sie denken sollen. Die Fantasie muss frei bleiben. Und doch war er es, der den maßgeblichen politischen Roman seiner, und auch unserer, Zeit schrieb. Als Kellyanne Conway, Präsident Trumps Beraterin, von »alternativen Fakten« sprach, stürmten die Leute in die Buchläden, um sich eine Ausgabe von *1984* zu besorgen. Der Roman hat unsere Sprache und unsere Gedanken mit solch nützlichen Wortschöpfungen wie »Gedankenpolizei« oder »Doppeldenk« geprägt. Die Literatur florierte außerhalb des Wals. Zu Zeiten des Kalten Krieges war *1984* der verbotene Roman, den so viele Russen, Tschechen oder Polen unbedingt lesen wollten. Er ist bis in unsere Alltagssprache vorgedrungen und hat sie verändert.

Wie hat Orwell das geschafft, ohne das zarte Netz der Fiktion mit seinen politischen Gewissheiten zu zerreißen? Ich würde sagen, weil es ihm gelang, intakt zu lassen, was Henry James das »gefühlte Leben« – den Dreck, das Banale, den Kohlgeruch – eines Romans nannte. Er überließ sich rückhaltlos seinem allumfassenden Pessimismus und fühlte sich dadurch so vollkommen frei, dass sich das für ihn so wichtige Alltagsleben entfalten konnte.

Ich möchte an dieser Stelle meinem Freund Salman Rushdie widersprechen, der einmal behauptete, Orwells Roman sei defätistisch, da er uns darlege, dass der Kampf zwecklos sei. Doch man male sich aus – wie wäre es, wenn sich eine Schar heldenhafter, verständiger Rebellen unter Führung von Winston Smith gegen den Superstaat Ozeanien erhoben und ihn durch einen offenen, menschlichen, demokratischen, von Orwell bevorzugten Sozialismus ersetzt hätte? *1984* hätte alle hypnotische Kraft verloren. Die Fantasie des Autors wäre Geisel seiner Absicht geworden. Auch beim Roman *Farm der Tiere* ist es der Pessimismus, der ihn befreit und die Argumente zu Revolution und menschlicher Natur ermöglicht. Realismus wird zugunsten der Allegorie aufgegeben. Gemessen an seiner ungeheuren Wirkung ist *Die Farm der Tiere* ein sehr schmales Werk. Orwell war gut beraten, sich mit seinen sprechenden Tieren an Samuel Johnsons Diktum zu halten, der nach der Lektüre von *Tristam Shandy* verkündete, dass »nichts Seltsames über lange Strecken trägt«.

Beide, Novelle wie Roman, sind mahnende, hell leuchtende »Vorsicht«-Schilder in den unendlichen Weiten düsterer Prophezeiungen. Sie bieten den Leserinnen und Lesern keinen Ausweg. Ist man auf der Suche nach Optimismus, findet man ihn im Falle von *1984* außerhalb des Romans, wenn man etwa an den sterbenden Mann denkt, der dem literarischen London entfloh, um in einem Wal, besser bekannt als Insel Jura, gegen eine kräftezehrende Krankheit anzukämpfen und uns seine Warnung vor dem totalitären Staat zu überbringen. Es gibt noch eine weitere optimistische Botschaft, eine einfachere: Wie groß auch die Gefahr, der gute oder effektive politische Roman ist möglich.

Der Literaturkritiker V. S. Pritchett schrieb einmal in einem ungerechten, übelwollenden Artikel über Ford Madox Ford, ihm stünde kein Platz in der ersten Reihe der Literaten zu, da ihm die Fähigkeit zu »entschlossener Benommenheit« fehle.

Seit ich diese in sich leicht widersprüchliche Formulierung gelesen habe, kommt sie mir immer mal wieder in den Sinn. Vermutlich gilt sie für jedes auf eine gewisse Dauer angelegte Projekt, das Einfallsreichtum und Konzentration verlangt, ich für meinen Teil kenne diese »entschlossene Benommenheit« auch nur von dem über Monate und Jahre währenden Bemühen, bei der Arbeit an einem Roman Henry James' zarte Spinnenfäden zusammenzuhalten. Es ist eine bewusst herbeigeführte Verfassung, ein schwebender, abwartender Zustand hoffnungsfroher Offenheit für das, was sich in der Einsamkeit zeigen mag, der Segen einer guten Idee etwa oder auch nur einer, die auf den ersten Blick so aussieht.

Viele Fäden werden fallen gelassen, manche gehen verloren. Es schellt an der Tür, das Handy klingelt – der »Mensch aus Porlock«, ein unerwünschter Besucher also, über den Coleridge stöhnte, fordert unsere unmittelbare Aufmerksamkeit ein. In den letzten zwei Jahrzehnten haben diese Menschen viele neue subtile Weisen gefunden, zu einem vorzudringen. Das Gerät, an dem die meisten Schriftsteller heutzutage arbeiten, ist zugleich Portal zu einem beträchtlichen Teil des Weltwissens, zu den neuesten Entwicklungen auf zahllosen Gebieten, zu politischen Ereignissen,

Katastrophen, dem Tod verehrter Menschen und zum Getöse, zur Unruhe sozialer Medien. Selbst das vergleichsweise zahme E-Mail-Programm übt eine Macht der Zudringlichkeit aus, von der die Porlock-Menschen der Vergangenheit nur hätten träumen können.

Das von einem Gewünschte kann dabei jeweils durchaus vernünftig sein, nachvollziehbar und gerecht. Der Fluss, den man bedichtet hat, wird vergiftet. Fördermittel für ein Theater, eine Tanztruppe, ein tolles Kulturprogramm für benachteiligte Kinder werden gestrichen, eine weitere Bücherei schließt. Ein Krieg hat begonnen. Auf welcher Seite stehst du? Ein saudi-arabischer Teenager, seit drei Jahren wegen einer unbedachten Bemerkung gefangen gehalten, geschlagen und gefoltert, soll am Montag geköpft werden. Wirst du helfen? Sagst du zu, musst du dich aus deiner bequemen Speckschicht lösen und aus dem Maul des Wals schwimmen. Du wirst einen Artikel schreiben, das Haus verlassen, einen Zug erwischen und in ein Tonstudio gehen oder eine Rede in einem Saal halten müssen. Bei deiner Rückkehr dürften sich einige der zarten Fäden aufgelöst haben. Was bereits auf der Seite steht, liest sich womöglich anders, schmeckt anders. Die nächste Seite, die du schreibst, wird anders sein als die, die du geschrieben hättest, wenn du nicht gestört worden wärest. Sie wird vielleicht nicht schlechter sein, aber herausfinden wirst du es nie. Deine »entschlossene Benommenheit« hat sich verflüchtigt, und es mag eine Weile dauern, bis sie sich wieder einfindet.

Schwimmt eine Schriftstellerin, ein Schriftsteller aus dem Wal, um eines der aktuell brandheißen Themen anzusprechen, den biologischen Status von Transmenschen, die Cancel Culture oder, vor gar nicht so langer Zeit, den Brexit, werden sie wohl kaum einen erhellenden Austausch gegensätzlicher Ideen erleben. Gut möglich, dass stattdessen einer dieser kurzen, merkwürdigen Medienstürme über sie niedergeht. Er, wahrscheinlicher noch sie, werden sich vermutlich Beschimpfungen einhandeln, vielleicht sogar Vergewaltigungs- oder Todesdrohungen, alles eigentlich nicht förderlich für die erhoffte Art von Benommenheit. Aber gibt es überhaupt einen Grund, den Wortmeldungen von Schriftstellern oder Künstlerinnen besonderes Gehör zu schenken? Einsamkeit ist eines der größten Luxusgüter der Zivilisation. Durch unseren eigenen achtlosen Willen, durch unsere selbst gewählte Hörigkeit gegenüber den Wundern des Internets wird sie jedoch zum schrumpfenden Kapital. Alle haben immer weniger davon. 1970, als ich zu schreiben begann, gab es Einsamkeit reichlich und umsonst wie Wasser, ehe es privatisiert wurde. Was auf Schriftsteller zutrifft, gilt auch für alle anderen – selbst innerhalb des Wals gibt es ultraschnelles Internet. Die Abschaffung der Einsamkeit ist eines der alptraumhaften Merkmale von Orwells Dystopie, einer Welt, in der es verboten ist, den Fernseher abzuschalten – was übrigens mein persönliches Zimmer 101 wäre.

Im Westen zumindest müssen wir nicht, wie Orwell damals, die militärische Invasion eines totalitären Staates oder das Aufgehen in ein anderes totalitäres Experiment fürchten. Wir stehen, hoffentlich, nicht am Beginn eines totalen Krieges oder am Rande des Abgrunds. Aber wir haben andere Sorgen. Daneben verblassen die brandheißen Themen, die ich erwähnte, zu dem, was wir heute selbstironisch Erste-Welt-Probleme nennen. Oder sie erweisen sich als nur lokaler Natur.

Schriftsteller haben heute viele Gründe, das Innere des Wals zu verlassen, aber es bleibt dieselbe Frage: Wie macht man das mit Erfolg? Nehmen wir, da das Persönliche dem politischen Roman Leben verleiht, die Frage der Charakterzeichnung. Man hat eine Figur geschaffen, die man für dreidimensional hält, sagen wir eine junge Frau, eingebettet in einen sozialen Kontext, mit einer glaubwürdigen Gefühlswelt, sorgsam über dreihundert Seiten aufgebaut. Sie ist, um mit E.M. Forster zu sprechen, ein runder Charakter. Gestattet man ihr jedoch, in ein paar Hundert Worten eine flammende politische Rede zu halten, die der eigenen Meinung nahekommt, riskiert man, eine Dimension zu verlieren, und sie wird so flach und ununterscheidbar wie eine Figur in einer Girlande von Scherenschnitten.

*

Man könnte damit beginnen, die Fragen des 21. Jahrhunderts zu stellen. Ist ein Krieg zwischen China und den USA längst in den Stoff der Geschichte gewebt? Macht die globale Seuche rassistischer Nationalismen irgendwann etwas Edelmütigerem, etwas Konstruktiverem Platz? Lässt sich das große Artensterben aufhalten? Kann die offene Gesellschaft auf neue, fairere Weisen florieren? Wird künstliche Intelligenz uns klüger machen, oder verrückt, oder irrelevant? Überstehen wir das 21. Jahrhundert, ohne Nuklearraketen abzufeuern?

Man könnte auch einfach nur beobachten. Nationen werden von gutgekleideten Gangsterbanden geführt, die sich nur selbst bereichern wollen und von Sicherheitsdiensten im Amt gehalten werden, von umgeschriebener Geschichte und leidenschaftlichen Nationalismen. Russland ist da nur ein Beispiel. In einem Delirium von Wut, wahnhaftem Glauben an Verschwörungstheorien sowie an weiße Überlegenheit könnten die USA durchaus zu einem weiteren werden. Jetzt, da die Technologie vorhanden ist – Gesichtserkennungssoftware und dergleichen –, könnte China Orwells totalitären Staat perfektionieren und ein neues Modell gesellschaftlicher Organisation bieten, das mit den liberalen Demokratien konkurriert oder sie ersetzt: eine von einem verlässlichen Strom von Konsumgütern in Gang gehaltene Diktatur.

Und dann ein Thema, das für Schriftstellerinnen und Leser von überragender Bedeutung ist: Weltweit wird die freie Meinungsäußerung zu einem schwindenden Privileg. In Russland und China sowieso. In Indien werden Umweltaktivisten mit staatlicher Gewalt unterdrückt. In Pakistan und Bangladesch ermordet man Atheisten. Religiöse oder politische Abweichler werden in Saudi-Arabien ins Gefängnis gesteckt oder hingerichtet. Im angloamerikanischen Westen befürchten wir entsetzt, vergessen zu haben, wie man in öffentlichen Fragen unterschiedlicher Meinung sein kann, ohne sich zu Drohungen herabzulassen oder zu Formen gesellschaftlicher Ächtung, häufig seitens Institutionen, die fürchten, ansonsten ihrem Ruf zu schaden. Der Gedanke muss uns ein Weckruf sein, dass die freie Meinungsäußerung im christlichen Europa des Mittelalters fast tausend Jahre lang unterdrückt war. Und noch länger hat es gedauert, die Schriften eines Freigeistes wie Demokrit wieder schätzen zu lernen.

Es gibt vieles, was im Roman zu Wort kommen könnte, wenn man denn den richtigen Dreh findet, viele Gründe für Schriftstellerinnen und Schriftsteller, den Wal zu verlassen. Jedes dieser Probleme ist zugleich aber auch marginal, läppisch und nur auf der menschlichen Zeitachse von Bedeutung; sie schrumpfen und verschmelzen zu einem bitteren Kern innerhalb des größeren Problems: der Erderwärmung, der gestörten, voneinander abhängigen Systeme der Meere, von Land, Luft und Leben, wunderbare, sich wechselseitig stärkende Verflechtungen, denen wir, ohne sie auch nur annähernd zu verstehen, Änderungen aufgezwungen haben. Wie wird es der Zivilisation – diesem düsterschönen Konstrukt – in Zukunft ergehen?

Der Klimaroman ist keine Nuss, die sich leicht knacken lässt, das Thema enorm und komplex. Womöglich muss eine Vielzahl detaillierter wissenschaftlicher Erkenntnisse angeschnitten werden. Was nur eine praktische Frage sein sollte, wurde zudem von bestimmten Interessengruppen vernebelt, sodass es schwerfällt, das Ausmaß der

Katastrophe zu erfassen, auf die wir uns zubewegen. Auch hier stellt sich das Problem, wie man Pessimismus einsetzt oder seine Wirkung mindert. Zudem sind die meisten Leser ernsthafter Literatur längst bekehrt. Und jede moralische oder politische Dringlichkeit kann den Lebensfaden eines Romans kappen. Dennoch, der Kern des Problems ist identisch mit dem traditionellen Thema der Romanform – die menschliche Natur, in diesem Fall unsere stupende Klugheit im verzweifelten Widerstreit mit unserer stupenden Dummheit.

Amitav Gosh hat bezweifelt, dass der realistische Gesellschaftsroman mit seinem Faible für das Alltägliche, das Gewöhnliche, also das, was Orwell an Joyces und Millers Werk rühmte, der Aufgabe gewachsen sei, die unvorstellbaren, massiven Auswirkungen der Klimakatastrophe darzustellen. Andere haben argumentiert, dass sich die Science-Fiction mit ihrer kühnen imaginativen Reichweite dafür besser eigne. Und doch haben zahlreiche zeitgenössische Autoren den Walspeck von den Schultern geklopft und einen Versuch gewagt, Margaret Atwood etwa, Barbara Kingsolver, Kim Stanley Robinson, James Bradley, Hilary Mantel, Jeanette Winterson oder Richard Powers. Sie und viele andere haben eine Form des ästhetischen Scheiterns riskiert, aber eine bewusste, ernsthafte Wahl getroffen. Das Thema drängt zu sehr, um es ignorieren zu können.

Der Klimawandel könnte auch zum einzig verbliebenen Thema werden, schlicht, weil offensichtlich ist, dass er bereits angefangen hat, unsere Politik und Kultur zu verändern, unsere Flora und Fauna, unser Gefühl für die Jahreszeiten, unser Verwurzeltsein in der Welt, unser Gespür für die Zukunft, unser Bild von Heimat und Gemeinschaft, das von Migration in einem nie da gewesenen Ausmaß bedroht werden wird, von Zigmillionen Menschen, die aus unbewohnbar gewordenen Gegenden des Planeten fliehen. Oder aber wir werden diejenigen sein, die fliehen und sich der Feindseligkeit neuer Nachbarn ausgesetzt sehen. Es gibt eine Metaphysik, einen Zeitgeist im Innern des Klimawandels, den wir noch nicht einmal ansatzweise verstehen oder in Worten ausdrücken können. Selbst wenn sämtliche CO_2- und Methanemissionen ab morgen früh aufhören, besitzt der Prozess eine gewisse Trägheit, weshalb unsere natürliche und menschengemachte Welt sich so oder so ändern wird – längst anders geworden ist. Das Gewöhnliche, das Alltägliche ändert sich von Grund auf. Der realistische Roman wird sich ziemlich verrenken müssen, sollte er das Reale verschweigen oder abstreiten wollen.

Was könnte ein gutes, repräsentatives Beispiel

für Literatur aus dem Innern des Wals sein? Natürlich bietet sich eine riesige Auswahl an, sei es arabische Lyrik, die den Wein und die Liebe feiert, seien es Romane über die Kindheit oder über Gespenster, über die Jagd, über furchtbare Eltern, über die Ehe, über Liebesaffären und über das Ende der Liebe. Letzten Endes aber habe ich mich für die allerkürzeste Form entschieden, für einen berühmten Haiku, verfasst von Matsuo Bashō, Japans großem Dichter des 17. Jahrhunderts, einem Mann, der die Natureinsamkeit liebte. Keine Politik, keine soziale Ungerechtigkeit, keine Grausamkeit, keine Drohungen, keine Gefahr.

Der alte Teich
Ein Frosch springt hinein
Vom Wasser ein Geräusch.

Es gibt über siebentausend bekannte Froscharten in einer außergewöhnlichen Vielfalt von Formen und Farben. Falls dies nicht zu selbstverständlich ist: Nur manche Frösche sind Kröten, aber alle Kröten sind Frösche. Frösche gibt es seit 200 Millionen Jahren, den Menschen dagegen gerade mal seit 200000. Bis auf die Sahara und die Arabische Wüste, den hohen Norden und die Antarktis kommen sie überall auf der Erde vor. Mit ihrer porösen

Haut und einem Platz in der Mitte der Nahrungskette gelten sie als extrem gefährdet. Sie sind an ihre Umgebung bestens angepasst und werden von Umweltforschern deshalb gern als ökologische Indikatoren angesehen – soll heißen, ein Rückgang ihrer Population gilt als sicheres Anzeichen für die Verschlechterung der Umwelt. Nach neuesten Schätzungen sind mehr als 2500 Froscharten vom Aussterben bedroht; 130 Arten sind seit den 1980ern von der Erde verschwunden. Der *State of Nature*-Bericht von 2019 belegt die abnehmende Zahl und die sich verschlechternde Biodiversität von Süßwassertümpeln und kommt zu dem Schluss, dass die Qualität von neunzig Prozent der Gewässer stark gesunken ist.

Man könnte zu dem Schluss kommen, dass die Bedingungen im Innern von Orwells Wal sich gründlich geändert haben. Müssten wir nicht davon ausgehen, dass es kein Walinneres mehr gibt, dass dieses Geschöpf am Ufer gestrandet ist – wie es mit Walen manchmal geschieht – und dass es daliegt, das Innerste nach außen gekehrt, Gedärm, Speckschicht und Rippen offen daliegend, das verrottende Fleisch einer turbulenten Welt mit omnipräsentem Internet und schwindender Einsamkeit darbietend, einer allzu erfolgreichen, klugdummen Spezies, die ihr eigenes Nest beschmutzt? Ist im

Innern jetzt außerhalb? Gibt es überhaupt noch einen Ort, an den sich die Fantasie zurückziehen kann, um ihre eigenen Bedingungen zu diktieren und neue Formen des Schönen, neue Einsichten oder neue Spielarten der Verstörung hervorzubringen?

Ich denke, Orwells Antwort würde damals wie heute Ja lauten – ja, es ist lebenswichtig, dass es diesen Ort gibt. Ich kann seine Stimme hören – erstaunlicherweise gibt es keine Tonaufnahme von ihm, doch ich höre sie in Gedanken –, wie er leise und ganz entgegen seiner Gewohnheit darauf beharrt: Wer sich an jener inneren Ruhe erfreut, die das Geräusch eines in einen Teich springenden Frosches hervorruft, muss deshalb keineswegs leugnen, dass der Frosch vom Aussterben bedroht ist oder der Teich bei der nächsten Dürre oder der nächsten Welle industrieller Agrochemie verschwinden könnte. Vielmehr bekräftigt er oder sie nur, dass es, ganz unabhängig von irgendeiner Autor-Intention, gut ist, dass es Frösche und natürliche Teiche, Ruhe und Einsamkeit gibt und es sich für sie zu kämpfen lohnt.

Alle Schriftsteller, die wie Bashō den Bauch des Wales wählen, die sich weigern, uns zu sagen, was sie denken oder was wir denken sollen, die die Liebe feiern oder die Kindheit, die Frösche oder,

wie es Orwell im Essay *Boys' Weeklies* tat, Kinder-
zeitschriften erkunden oder die Freuden der besonderen Aufmerksamkeit für das eine oder andere
Detail – sie alle müssen die Freiheit haben, genau
das zu tun. Schriftsteller, Schriftstellerinnen, die
sich selbst oder anderen diese Freiheit absprechen,
»fordern im Grunde ihren eigenen Untergang«.
Also sprach, paradoxerweise, Orwell – von außerhalb des Wals.

Nachweise

George Orwells Essay *Im Innern des Wals* (Original: ›Inside the Whale‹) erschien erstmals in *Inside the Whale and Other Essays*, Gollancz, London 1940.

Die deutsche Übersetzung von Felix Gasbarra entstammt dem Band *Im Innern des Wals. Erzählungen und Essays* (detebe 20213), Diogenes, Zürich 1975. Sie wurde für den vorliegenden Band leicht überarbeitet.

Am 26. November 2021 hielt Ian McEwan die Orwell Memorial Lecture unter dem Titel »Politics and the Imagination: Reflections on George Orwell's ›Inside the Whale‹«. Seine Rede erschien am 8. Dezember 2021 im *New Statesman*, London, nun unter dem Titel »George Orwell Outside the Whale«.

Auf Deutsch erschien der Text erstmals in *Lettre International* Nr. 136, Frühjahr 2022, unter dem Titel »Orwell und der Wal«, aus dem Englischen von Bernhard Robben. Die Übersetzung wurde für den vorliegenden Band überarbeitet, der Text erscheint zum ersten Mal in Buchform.

Zitate

S. 32 Das Gedicht *With Rue my Heart is Laden* von Alfred Edward Housman stammt aus seinem Gedichtband *A Shropshire Lad*, 1896. Übersetzung von Felix Gasbarra, wie auch die zitierten Strophen auf S. 36.

S. 37 Strophe aus dem Gedicht Nr. 27 in *Last Poems* von Alfred Edward Housman, 1922. Übersetzung von Felix Gasbarra.

S. 44 Das Zitat von D. H. Lawrence stammt aus dem Gedicht *Being Alive*, aus dem Band *Pansies*, 1929. Übersetzung von Felix Gasbarra.

S. 51 f., S. 84 Zitat von Louis MacNeice aus *Modern Poetry. A Personal Essay*, 1938. Übersetzung von Felix Gasbarra.

S. 54 Zitat aus dem Versdrama *Trial of a Judge* von Stephen Spender, 1938. Übersetzung von Felix Gasbarra.

S. 63 f., S. 113, Zitat aus dem Gedicht *Spain* von W. H. Auden, 1937. Übersetzung von Felix Gasbarra.

S. 66 Zitat aus *Enemies of Promise* von Cyril Connolly, 1938. Übersetzung von Felix Gasbarra.

S. 79 Zitat aus *A Marxist Interpretation of Literature* von Edward Upward. Aus: C. Day Lewis (Hrsg.): *The Mind in Chains. Socialism and the Cultural Revolution*, 1937. Übersetzung von Felix Gasbarra.

S. 83 Zitat aus dem Artikel *T. S. Eliot* von E. M. Forster, aus dem Band: *Abinger Harvest*, 1936. Zuerst erschienen unter dem Titel *T. S. Eliot and his difficulties*, in

Life and Letters, 2 (Mai 1929). Übersetzung von Felix Gasbarra.

S. 97 f. Die Zitate von Alfred Perlès stammen aus dem Band *My Friend Henry Miller. An intimate Biography*, 1956. Übersetzung von Bernhard Robben.

S. 100 Zitat aus dem Gedicht *September 1, 1939* von W. H. Auden. Übersetzung von Bernhard Robben.

S. 109 ff, Zitate aus *Der Künstler und seine Zeit* von Albert Camus aus dem Band *Kleine Prosa*. Aus dem Französischen von Guido G. Meister. Rowohlt Verlag, Reinbek bei Hamburg 1961.

S. 111 f. Zitate aus Henry James, *The Art of Fiction*, 1884. Übersetzung von Bernhard Robben.

S. 125 Haiku von Matsuo Bashō. Übersetzung von Bernhard Robben.

»Der Diogenes Verlag will durch lesbare
Literatur unterhalten, durch Neues
vor den Kopf stoßen, aber auch Altes neu
entdecken; das ›Neue um des Neuen
willen‹ übersehen und so das Modische
vom Modernen unterscheiden. So viel
wirklich Neues kann es gar nicht geben.
Echte Avantgarde, sagt Karl Kraus, ist
nichts anderes als der mutige Rückschritt
zur Vernunft – und an das Neue, das
nur aussieht wie das Alte, muss man sich
erst gewöhnen.«

DANIEL KEEL

IAN McEWAN

ERKENNTNIS
UND SCHÖNHEIT

ÜBER WISSENSCHAFT, LITERATUR UND RELIGION

DIOGENES

Essay
Aus dem Englischen von Bernhard Robben und Hainer Kober
192 Seiten
Auch erhältlich als eBook und Hörbuch-Download

Für Ian McEwan ist die Geschichte der Wissenschaft eine faszinierende Saga voller intellektuellem
Mut, harter Arbeit, tausendfachem Scheitern und
kurzen Momenten der Inspiration. Sie ist auch
eine Einladung, sich zu wundern und zu freuen.
Anhand von Figuren wie Darwin, Einstein oder
Turing erforscht Ian McEwan in diesen brillanten
Essays das Verhältnis von Wissenschaft und Literatur, Ratio und Glauben und ihren Bezug zu unserer menschlichen Natur.

Ian McEwan
Lektionen

Roman · Diogenes

Roman
Aus dem Englischen von Bernhard Robben
720 Seiten
Auch erhältlich als eBook, Hörbuch und Hörbuch-Download

Roland Baines ist noch ein Kind, als er 1959 im Internat der Person begegnet, die sein Leben aus der Bahn werfen wird: der Klavierlehrerin Miriam Cornell. Roland ist junger Vater, als seine deutsche Frau Alissa ihn und das vier Monate alte Baby verlässt. Es ist das Jahr 1986. Während die Welt sich wegen Tschernobyl sorgt, beginnt Roland, nach Antworten zu suchen, zu seiner Herkunft, seinem rastlosen Leben und all dem, was Alissa von ihm fortgetrieben hat.

George Orwell
*Erledigt
in Paris und
London*

Diogenes

Aus dem Englischen von Helga und Alexander Schmitz
288 Seiten
Auch erhältlich als eBook

Nach seiner Demission als Polizeioffizier in Burma landet Orwell 1933 in den Slums: bei den Arbeitslosen, Asozialen in Paris, wo er sich als Küchenhilfe in einem Luxusrestaurant verdingt; bei den Pennern von London, mit denen er durch die Gossen und Asyle pilgert. Der unsentimentale, erschütternde Bericht eines Betroffenen.

George Orwell
*Farm
der Tiere*
Ein Märchen

Diogenes

Aus dem Englischen von Michael Walter
Mit einem Nachwort des Autors
160 Seiten
Auch erhältlich als eBook, Hörbuch und Hörbuch-Download

»Die Fabel vom Aufstand der Tiere des Farmers Jones und vom allmählichen Umschlag der Revolution in ihr den status quo ante wiederherstellendes Gegenteil gehört zu den bekanntesten literarischen Werken des 20. Jahrhunderts. Der Satz ›Alle Tiere sind gleich, aber einige Tiere sind gleicher als andere‹ wurde zum geflügelten Wort.«
Kindlers Neues Literatur Lexikon

Auf **diogenes.ch/newsletter** erfahren Sie zuerst
von Neuerscheinungen und Neuigkeiten unserer
Autorinnen und Autoren.

Oder schauen Sie hier vorbei: